挥笔颂山河

关山月小传

GUAN SHAN YUE XIAO ZHUAN

关怡 著

岭南美术出版社

中国·广州

图书在版编目（CIP）数据

　挥笔颂山河:关山月小传 / 关怡著. —广州：岭南
美术出版社，2015.8
　（广东现当代画家小传. 国画卷）
　ISBN 978-7-5362-5496-1

　Ⅰ．①挥…　Ⅱ．①关…　Ⅲ．①关山月（1912～2000）—
传记　Ⅳ.①K825.72

　中国版本图书馆CIP数据核字（2014）第162474号

责任编辑：李　颖　王效云　杨　靖　周章胜
责任技编：罗文轩　谢　芸
装帧设计：杨易欣

挥笔颂山河：关山月小传

HUI BI SONG SHANHE GUAN SHANYUE XIAOZHUAN

出版、总发行：岭南美术出版社（网址：www. lnysw. net）
　　　　　　（广州市文德北路170号3楼 邮编：510045）
经　　　销：全国新华书店
印　　　刷：雅昌文化(集团)有限公司
版　　　次：2015年8月第1版
　　　　　　2015年8月第1次印刷
开　　　本：787mm×1092mm　1/16
印　　　张：9
ISBN 978-7-5362-5496-1
定　　　价：45.00元

序

　　回顾20世纪中国美术发展史，中国画的现代转型与"新国画"运动密不可分。发端于广东的岭南画派在这场"新国画"运动中起到极其重要的作用，以高剑父、高奇峰、陈树人等为代表的岭南画派，以革命性、创新性的新思路，折衷中外、融汇古今，注重现实关怀、题材开拓和表现手法的多样性，开启中国现代绘画的新风气，极大地推进了中国美术的现代化进程。

　　继"二高一陈"后，以关山月、黎雄才、赵少昂、杨善深等为代表的艺术家，更是把岭南画派发展到一个新的高度，并卓有成效地拓展了现代美术教育体系，使岭南地区迅速成为新中国美术教育基地之一，培养了许多影响21世纪中国美术进程的画家。他们继承和延续岭南画派的艺术精神，践行着创新和发展的道路，使广东成为中国美术教育与创作的重镇。

　　在对中国美术发展史的研究中，岭南画派一直是被关注的，但系统完整的广东现当代画家传记著述却较少见到。梳理这些画家的人生经历，再现他们的探索过程，总结他们的创作思想，对于推动广东美术创新发展，增强广东文化自觉与文化自信有着重要意义。为此，我们编辑出版《广东现当代画家小传》丛书。

　　丛书根据艺术成就及社会影响力甄选了20多位现当代画家作为传主，以文学性的叙事方式讲述艺术家活动及经典作品背后的故事，使读者重回那段令人荡气回肠的岁月。丛书遵循从史到论，论从史出，通过文学家的艺术剪裁，注重围绕史料开展研究，力求科学严谨地再现各位传主的生平经历、创作历程、学术贡献和历史影响。丛书资料翔实、图文并茂，大量由家属提供和从档案中查阅到的第一手资料更为珍贵。

　　对岭南近现代画家的资料进行收集与整理，是广东地域美术研究的基础性工作。丛书的出版将极大地丰富画家档案及文献资料，为广东画家的相关研究奠定基础，更好地促进广东美术繁荣发展。

目录

一 命运安排

关山月原名关泽霈,乳名应新,字子云。后来他的老师高剑父先生给他改名关山月。1912年10月25日(农历九月十六日),关山月出生于广东省阳江县埠场镇那蓬乡果园村,时值辛亥革命的第二年。他的父亲关籍农是乡村小学教师,晚清一个满腹诗书的旧学书生,也是个适应潮流的知识分子,他认识到帝制被推翻后,迎来的是一个新世界,所以给儿子起名字也与时代分不开。

关山月(应新)的祖父关鹤俦,是清朝拔贡,家里有十多亩田地,还有一个小书斋,后面是个小花园,种有荔枝树和梅花、兰花、翠竹等。花园门口挂着一副竹刻的对联:"为室困树,补层牵萝"。果园村18户人家,都很贫困,没有地主、富农,连中农也没有。应新的家庭原先属于尚可温饱的书香门第,但到了应新出世时,家道开始中落了,应新的父亲年轻时也应过试,自以为迟早可中举,为了挣一笔钱替人科考,结果替人考中了秀才,自己却名落孙山,而后来辛亥革命废除了科举制度,书香之家也破产了,剩下的只有几亩薄田。

全家人靠父亲教书维持生活。应新因其眉心长了一颗黑痣,当时有人说是吉星,也有人说是克星,父亲却不迷信。应新从小就看到勤劳的母亲每天内外不停地干活,由于名分是"小"的,还要受大母(父亲的正妻)麦氏和大嫂的欺负,父亲从来不吭声。母亲陈氏只能搂着小应新委屈地抽泣。母亲告诉小应新,她娘家在阳江县织箦山区的一条小山村,她六岁就被父母卖给人家做婢女,十多年后,好心的籍农老师把她讨回来做小老婆。应新母亲苦难的人生,在应新幼小的心灵里留下深刻的印象并产生"发誓一定要学好本领,为母亲争口气"的思想。

应新五六岁就跟着母亲干活,结网、削竹篾都会。村里妇女唯一的副业就是结网,谁家的梭子坏了,都要找应新帮忙,因为他修得又快又好。

应新六岁开始在九乡私塾读了两年书,九乡私塾于1922年改名关村小学,1924年父亲关籍农曾任过校长。

关山月1983年在《我与国画》一文中回忆道："我从童年开始就喜爱涂鸦。""我喜欢边玩边画,拾起碎瓦片,捡来木炭柴就在晒谷场的地上画起来。"

应新每年最盼望的是过年,春节刚过没几天,果园村出了一件怪事。清晨,当大家开门纳福时,发现门前贴的大红春联被人撕得各散东西,人们异口同声地问:"这是谁在搞破坏呢?"村里的18户人家,你问我,我问他,大家都说不知道,后来再一打听,原来是应新做的"好事",想不到是这么乖的孩子做的。问应新:"你撕春联做什么?"应新答道:"用这些大红纸浸水做红颜料,画画用的。"于是,宽厚的大人们原谅了小应新,只说了句:"以后不要这么早就撕。"也不追究此事了。

然而,这件事传到父亲耳里,立刻皱起了眉头。他是村里最有学问的小学教师,身穿深灰长袍,国字脸上蓄着两撇胡子,拄着拐杖,急忙走进儿子的房间。儿子见到父亲的身影,立刻变得规矩了,装着用心地做作业,父亲随手翻开习字簿和课本,上面画得乱七八糟,父亲大声地说:"以后不准再画画,要好好读书!"应新反问:"为什么不准画画?"父亲严厉地回答:"画画没有出息,读书才是正经事。"七岁的应新无法理解父亲的定论。其实父亲不准儿子学画,是想儿子读好书,取得文凭,将来找份好工作,可以养活全家就行了,这种观念是由家庭遭际、农村意识所形成的。

虽然父亲反对应新学画,但只字不识的母亲却偷偷地支持他,每逢上山砍柴,母亲总要带回一包在山上摘来的黄栀子,给他做黄色颜料。有时,母亲要走四五十里山路到罗琴山砍柴,再把柴挑到20多里路外的平岗圩去卖,用她的血汗钱为儿子换回一两刀竹纸,给儿子画画,如此付出都是母亲对儿子的期望。

应新一、二年级在父亲任教的阳江县织篑镇溪头中心小学读书,由于父亲喜爱种梅，常帮乡亲友人接枝育苗，校园里的几十棵白梅，都是父子俩亲手接枝培植的。每到梅花盛开的时节，能吟诗作对、善画梅兰竹菊的父亲经常带着应新，陪同老师、友人赏梅，大人们边赏梅边吟诗，有时还摘一小枝梅花给应新玩，他就高兴地带回家，关着房门偷偷写生至深夜。这样的经历，使关山月从小就与梅结下不解之缘。

父亲课余时间，还常帮人家画扇面、帐眉，应新就在旁细看，这也成了他学画的一个好机会。

父亲还规定他每天做完功课后，要背读唐诗或对上联子才准去玩，但他并没有去玩，却是躲在房间里，埋头学画。20世纪20年代，大人的香烟盒里的美术图片、中秋月饼盒上印着的嫦娥美女图和农村家门口贴的门神画都是应新的画谱。

应新第一次在学校里见到彩色的中国省份地图时，就花了很长时间把它临摹下来，没钱买颜料，就把水瓜叶扭出的汁做绿色颜料用，把水横枝上的黄栀子制成黄色颜料，把瓦片磨成粉末制成褐色颜料，用大红对联来泡水，就有了红色颜料，一幅彩色的地图被他完成了。此时，儿盼学画的举动，父亲全看在眼里。

当然，应新也有玩耍的时候，他会到村边的小河捉鱼摸虾。应新六岁那年的清明节，跟着家人去扫墓。回来时，村边小河正值涨潮，因河上没有桥，走在前面的小孩已蹚水过去了，而矮小的应新，也跟着走下河去，不料两脚一陷就沉下去了。这时，幸亏父亲的轿夫下去把他捞起来，应新才没有被淹死。后来父亲出钱在河上架了一座石板桥，为村里做了一件好事。但应新再也不敢去河里玩耍了，而没有学会游泳却成了他心中的一件憾事。

10岁时，父亲为应新改名关泽霈，他跟着父亲转去阳江县织篑小学（现在的奋兴中学）就读三、四年级。和泽霈同住的卓同学，有一次在书贩那里买了一本《芥子园画谱》，两人高兴地临摹那画谱上的画，临完后贴在墙上，自我欣赏，他认为这就是他在小学阶段里，最高兴、最难忘的一段时光。

几年后，泽霈的父亲失业了，为了儿子有书读，父亲想办法申请了靠公尝[1]资助的学费，让儿子到离家十多里路的平岗圩平岗小学读五、六年级。住在祖父那里，虽然生活艰苦，但泽霈却更加勤奋了。假期，他就回家帮忙做工，闲时还跟堂叔和哥哥学画炭相，很快就学会了炭相放大术，乡亲们送来画具，请他按旧照片放大画祖先像，他很好地完成了这些任务。父亲开始让他帮忙画扇面。当父亲看到儿子画的梅花时说："不像小孩子画的。"这就是父亲对儿子最大的鼓舞。

泽霈小学毕业后考进阳江县立师范学校读免费的初中，因没钱在学校寄宿搭食，只好住在公尝盖的关屋公馆里。逢周六晚上，他就回家挑柴米出来，交一点菜金，自己煮饭吃。有一次没钱交菜金，只好把村组寄放在自己家里的铜锣拿去当，才解决了这一周的伙食费。

暑假，又有乡亲送来竹布、笔墨、颜料等画具，请泽霈画帐眉、门帘，父亲高兴地认为儿子开始有出息了，而儿子高兴的是可以有条件学画了。

到了1930年夏天，泽霈从阳江县立师范学校初级师范班毕业了，图画老师和同学们都鼓励他去报考广州市立艺术专科学校美术系，希望他能圆儿时的梦。由于泽霈的努力，结果同时考上了广州市艺专等三所学校。当儿子高兴地将三张录取通知书交给父亲时，父亲考虑到家中除了大儿子可以独立生活外，十几口人的生计都应付不，哪里还有钱供儿子升学呢？他只好说："就读广州市立师范学校吧！"

泽霈的心顿时凉了，但他很快就明白，读师范是免费的，而美术学校一个学期的学费就要几十元，父亲怎么可能支付得起这么昂贵的学费呢？另一个选择是警官学校，他更不喜欢了。揣着一肚子苦闷的泽霈，也只好"儿从父命"了。

[1] 公尝指关氏宗族的公用资金，由宗族会长管理。

年轻的泽霈带着简单的行李来到人生地不熟的广州城，好不容易找到大南路学旅，这是由一座旧祠堂改建而成的简陋的小旅店，安排好住宿后，立即去广州市立师范学校办理了报到手续。随后，他又迫不及待地直奔位于观音山麓的三元宫，因为广州市艺专就设在里面，那是他梦寐以求的地方。第一次踏进他心目中高大而庄严的学府，但眼前见到的却是一所门楼不高大，围墙很破旧，校牌不显眼的学校，并不是他想象中的那么伟大。而此时，令泽霈羡慕的只是那些进出校门的学生们，他心里想：本来自己也可以成为他们中的一员，可惜没有钱交学费，无缘自由进出这个校门，也许这就是命中注定的了。

泽霈虽然读不到正式的美术学校，但是广州城里的许多裱画店却成了他免费的"美术学堂"，如文德路、西湖路、第十甫的裱画铺，里面挂着很多裱好的画。他第一次看到高剑父老师的画，就是在西湖路的裱画铺的墙上，画的是气势逼人的苍鹰兀立在巨石上，他第一次产生了一种"如果有机会拜高剑父老师为师就好了"的念头。从此以后，每逢节假日，他就独自去青年会、六榕寺、静慧公园、花地孤儿院、广州市艺专观看各类的画展。

1931年春节期间，泽霈去长堤青年会看春睡画院师生画展，这些都是反映现实生活的作品，给他留下了深刻的印象。每次看画展，泽霈都用心记住一些展品的构图、用笔、设色，回到宿舍后将它们默写出来，从这里他就学到了很多绘画的技法。

在广州期间，泽霈从报纸上知道，高剑父、陈树人、高奇峰曾是辛亥革命早期孙中山创立的同盟会成员，他们提出中国画要反映生活，表现新时代，提倡"新国画运动"。高剑父在谈到他的新国画观时说："我的艺术思想手段，不是要打倒古人，推翻古人，消灭古人。是想取古人之长，舍古人之短，所谓师学舍短，弃其不合现代的、不合理的东西。是以历史的遗传与世界现代学术合一之研究，

1932 年，关山月（右）和父亲关籍农（中）、大哥关泽霖（左）合影

更吸取各国古今绘画的特长，作为自己的营养，使成为自己的血肉，造成我国现代绘画的新生命。""要创造新兴的中国画，时代的中国画，革命的中国画。"同时指出"提倡艺术革命是为艺术创造新生命"，主张"摘取古今中外画家之精华，一炉冶，真美结合，使成自己的血肉"。但报纸上又刊登广东国画研究会的不同意见，说这种革新是"不中不西""非驴非马""大逆不道""国画的叛徒"等，报纸上的互相争辩，热闹非凡。学生时代的泽霈觉得难以理解。然而，在这阶段，他也吸收了很多艺术革新的新思想。

泽霈在广州市立师范学校二年级时，画了一幅人物画和几幅花鸟写生画参加学校校庆画展。画都是摹仿高剑父、高奇峰的笔法画的，人物画画的是当年西北军将领马占山骑着高大骏马，背着短枪，举起望远镜瞭望前方的英雄形象，得到全校师生的赞赏，尤其是图、工、体、乐专科的同学们，后来常约他去参加写生活动，他心想：我的命运还是好的。

泽霈还利用假期回家乡阳江，以"子云"为笔名举办了画展，有宣传抗日题材的作品和花鸟写生画。他还用一块大白布画了一幅抗战宣传画《来一个杀一个》，横挂在当时阳江城最热闹的南恩路上。这是他离开家乡外出读书后，第一次向父老乡亲汇报和宣传抗日，深受乡亲们的好评。

1933 年，是泽霈在广州市立师范学校读书的最后一年，学校安排他们毕业前到江浙一带考察教育情况。学生们高兴地登上四万多吨的"日本皇后"巨轮，先后调查参观了杭州、苏州、无锡、南京各地的小学教育情况，同时也游览风景区。在游览苏州虎丘山时，泽霈打开带来的画夹进行写生，引来许多游客围观，其中有一对外国夫妇，一直站在旁边看他画完，并问泽霈："要多少钱可以买这幅画？"泽霈说："如果你们喜欢，就送给你们，不要钱！"外国夫妇连声道谢。就这样，签有关泽霈名字的画作，第一次被外国人带走了，泽霈根本不在乎这张画的去向，高兴的是，关泽霈的画第一次出国了。另外，在游览杭州西湖时，他也画了西湖风光的水彩写生画，后来还用镜框镶好挂在学旅房间的墙上，可惜不久就被人看中偷走了。

就在泽霈满载学习的成果回归的途中，他怎么也想不到，此时自己千里之外的家庭却发生了不幸的变故。

待考察教育活动结束后回到广州，发现一封厚厚的家书放在宿舍的床头，突然一个不祥的预感涌上心头。泽霈满怀不安地拆开信封，只见一块沉重的黑纱从信封里掉下来，他顿时呆了，看完信后，模糊的眼睛看着那可怕的黑纱，泪水不自觉地夺眶而出。此时，他眼前浮现出的一幕是：生他养他的母亲，操劳了一辈子，积劳成疾，却无钱医治，结果吐血长逝了。一个不该早逝的母亲，看着一群未成年的、无依无靠的孩子们，临终前只是一个劲地呼唤着已长大了却又不在身边的孩儿："应新！应新！……"泽霈仿佛听到亲娘在绝望中呼唤着自己的名字。

而在这三个月前，家中的幼妹和大母也相继离开人世。为了办这几宗丧事，父亲把仅剩的三亩多田产押给了邻村的地主。于是，本来泽霈毕业后可以升上勤勤大学的愿望，也不能实现了。

泽霈只好到广州市第九十三小学做教员，工作了一个月后，才敢向何恩绥校长请了几天假，回家奔丧。他从广州坐长途汽车回到阳江城，又从城里步行回到家，整整用了一天时间，以往是归家心切，这次回来却是害怕一切。见到自家门前挂着两对白底蓝字的大灯笼，还有两副蓝底白字的对联，泽霈说不出心里是什么滋味，只有迈着沉重的步伐走进大门，不知不觉已跪在厅里的两座灵台前，边流着眼泪，边点着香火，跪拜了三拜又三拜才起身。

泽霈擦干眼泪，走进父亲的房间，只见消瘦可怜的父亲，满脸泪水说不出话来，父亲床头墙壁上挂着新题的一首诗："行年五十八，而作老鳏夫。茫茫天地窄，无泪哭穷途。"字里行间充满了悲伤，儿子认为再也没有词句可以安慰父亲了，父亲承受的打击同样落在儿子的心里，他担心的是父亲怎样支撑下去，相通的心灵尽在不言中。

不久泽霈回到广州任教，第三个噩耗又传来了，父亲丢下一大群儿女，跟着母亲走了。对于关家来说，这是不幸的1933年，一年之内，走了四个人。一个庞大的家庭，没有了支柱。父亲的丧事草草办完后，泽霈才有空回家奔丧，家里留下许多挽诗挽联，给他印象最深的是父亲在教育界的老朋友、邻村桐山小学梁泽西校长的一副挽联："家国久伤怀，愤不欲生，琴鹤竟随妻妾逝；因园方息影，安然摆脱，马牛免为子孙劳。"泽霈知道，父亲是无可奈何地走了，满头白发的外祖母，看着这一群可怜的外孙们，毫无主见地问泽霈："今后怎么办？"可他也不知道怎么办，只好去找禹传堂叔父商量今后的出路，大家想来想去，唯一的出路只有"走为上计"。他们把年迈的外祖母送回织笏山区马尾村，住回她那用茅草盖顶的家；把最小的只有五岁的八弟送到已出嫁的琼妹家，帮忙放牛；把五弟、六弟送进广州市芳村孤儿院，而六岁的七弟由泽霈带在身边。

一个书香世家就这样支离破碎了，这就是泽霈的家，在灾难之年的结局。

1934年1月，父亲关籍农的墓碑刻写着："中华民国二十三年一月吉日，关公讳上尚号籍农之墓，前众兼院议员清举人何铨绳题。"

处理完家事后，泽霈回到广州市第九十三小学上班，学校安排他教语文课并担任四年级的班主任。

一天晚上，他在灯下批改学生的作文，看到女学生李淑真写的一篇日记："……父亲病了，没钱请医生和买药，连买米的钱也没有……我想退学去做工，但就没书读了，不知怎么办好……"泽霈看到这里，想起这是个聪明勤快的小姑娘，平时在班里是个大姐姐，主动帮助小同学，做好班里的工作，大家对她印象很好。

想不到她也面临失学的厄运，担任班主任的泽霈颇有同感地难过起来。

第二天下课后，泽霈把李淑真留下来，关心地问她："在日记里写的话，是怎么回事？"李淑真难过地向老师讲述了自己的身世。原来她的亲生父亲黄有是番禺人，因为到安南做小生意，娶了一个安南妻子，生了七个孩子，算命先生说这个女儿命不好，不能留在家里，就把她送给广州一位同乡李秋山做养女，取名为李淑真（20世纪40年代末，为了纪念养父李秋山和生父黄有，她自己又改名为"李秋璜"）。李秋山是个粤剧演员，因没有儿女，所以对淑真很疼惜，从小把她打扮成男孩，直到九岁，才还她女儿装。因为父亲是靠"过山班"下乡演粤剧为生的，年年是举债度日。在淑真11岁时，父亲得了肺病，不能登台演戏，没有收入了，懂事的淑真看见父亲病重，无钱医治，还要养活全家，便主动向父亲提出，把她卖给人家，换钱为父亲治病。父母别无选择，只好把她押给广州市龙导尾的一家地主，换了些钱回来，为父亲治病。她在地主家干着粗重的家务，还要为地主婆按摩、洗脚、装烟……过了差不多一年奴婢生活，后来，幸亏父亲的病好转，又能登台演出了，接着就赎她回家了。并在她14岁时，送她入读九十三小学读三年级，但想不到的是，现在父亲旧病复发，她担心又要失学了。

听完学生的倾诉，泽霈联想到自己的家庭也同样艰难，无能力帮助她，只能掏出仅有的几毫钱，递给这个可怜的女学生："拿回去给你爸爸抓药吧。"淑真感激而难过地说："我不能要先生的钱，因为您也困难……"老师的关怀也挽救不了学生这个灾难深重的家庭。

后来淑真父亲病情恶化，被送到那间专门收留没钱治病的穷人的方便医院，几天后就病逝了。接着，母亲也连夜逃走了，第二天早晨，登门讨债的债主就来封了李家的门，年仅16岁的弱女李淑真成了无家可归的孤儿。债主还说要捉拿孤女抵债，淑真独自躲在偏僻角落哭泣了整整一天，她最后想到的只是绝路一条。

　　淑真哭干了眼泪，慢步走向人来人往的海珠桥，在她的眼里，美丽的珠江夜景已经模糊了；在她的眼里，滔滔的珠江水就是她的泪水，只有与它融为一体，才能带走这人世间的痛苦。她仿佛见到父亲在向她招手，于是，她跨上栏杆，闭上双眼，准备跃身跳下，就在此危急时刻，她的身体被一双有力的大手紧紧抓住，她听到一个声音说："淑真同学！不能这样！"原来，这是九十三小学的一个女杂工，她是终身不嫁的顺德"自梳女"杏姐，在学校里，她就很关心这个穷女孩，常会偷偷送饭给淑真吃。最近，知道她父亲病逝的事，就预感她会出事，所以杏姐尾随着她走向海珠桥，果真就出现上述一幕。

　　淑真被杏姐从死神手里抢了回来，她倒在杏姐的怀里埋头大哭，不知道说什么好。回到学校后，杏姐温暖爱护她，答应收留她，同住在她的校工房里。另外，张英逢老师向教师们提出共同抚养这个孤儿学生。此时的淑真，又重新活过来了，她在班里是个好学生，下课后，是个勤快的杂工。她想：只有好好学习，多为大家做事，才对得起大家。

　　在九十三小学任教的泽霈和从家里带出来的七弟住在学校里，他白天要上课，晚上还要照顾弟弟。淑真晚上有空，就常跑到老师家里，见老师忙于改学生作业，她便主动帮忙洗衣服。张英逢老师和杏姐见到后，觉得不如劝泽霈娶了淑真，这岂不是两全其美？泽霈听了张英逢的建议后，想道，淑真确实是个好姑娘，她长期靠大家捐钱过活，也只是一个没有办法的办法；而自己孤身一人带着弟弟生活，没人照料，也没有家庭温暖。也许是"同命相连"吧，泽霈心动了。杏姐再去问淑真，淑真是很尊敬关先生的，便点头答应。

　　1935 年 9 月 2 日，老师们合伙凑钱准备为泽霈和淑真举行婚礼，在广州惠如楼摆了两席喜酒，本来这是淑真的终身大事，应该高兴才是，可她却受传统观念的影响，总觉得没有家长主婚和嫁妆，连一件漂亮点的衣服也没有，太不光彩了。

无论大家如何劝求她出席婚宴，她就是不肯去。她内心非常难过，宁可留在家里。

婚后的生活是艰难的，但在泽霈的眼里，淑真好像一夜之间长大了许多。她可以把泽霈的月薪47元5毫银洋支配得很妥，包括一家三口的食宿和水电的支付，好像她能把一分钱掰开两半来用似的。后来一次吃饭时，泽霈偶然拿错她那碗饭，才发现她的饭碗里面竟放着一只倒扣的小碟子，上面只有少量的饭粒，或以青菜充饥。泽霈知道后，心里难过极了，妻子还笑着说："你不知道吗？我是最喜欢吃青菜的！"

有了贤内助，温馨的家改变了泽霈的生活，使他更专心去追求自己的理想了。

二／ 专心学艺

　　泽霈在九十三小学工作期间，利用课余时间，学习书法和篆刻。校长卢燮坤和甲午海战民族英雄邓世昌的儿子邓文正，都是书法篆刻家，他们三人经常在邓家研读古人的碑帖、印谱，泽霈也是在这里学会刻图章的，卢、邓就是泽霈的良师益友，位于九十三小学附近的龙导尾的邓家就是泽霈的第二学堂，开始影响着他以后的艺术道路。

　　1933 年春睡画院从府学西街迁往朱紫街，1935 年高剑父老师除了主持春睡画院外，也开始兼任广州国立中山大学美术专业夜班教授，1936 年还兼任南京国立中央大学美术科教授。泽霈打听到高老师每周有两个晚上到中山大学讲学，但规定是中大学籍的学生才能报名听课，于是他找到原广州市立师范学校的同学，正就读中大的温泽民，向他说明自己想读美术专业夜班，温同学就去报了名，把听课证交给泽霈，这样，泽霈开始成了一个冒名顶替的学生。每次上课的晚上，他总是提早从珠江南岸这边赶到珠江北岸那边的文明路，从不缺课。

　　一次夜课，同学们都在聚精会神地临摹高老师的课画稿，泽霈也正在临摹老师的一幅玫瑰花。不知何时，老师走到泽霈的背后，停下来了，泽霈希望能得到老师具体的指导。但是，泽霈心里又很不安，因为最近老师说不见了一些课画稿，是否怀疑我偷了画稿呢？泽霈心想："那就惨了，这次真是跳入珠江也洗不清啊！"他害怕得很。老师终于问道："你叫什么名字？"他低下头小声地回答："关泽霈。"老师又问："你是哪个系的？怎么我从来没见过你？"而课桌右上角放着"温泽民"的听课证。此时的泽霈顿时面红耳赤，断断续续地说："我……我不是中大的学生，我很想听您讲课，但由于没有学籍，只能请中大的同学帮忙报名，我是拿他的听课证来上课的。"泽霈赶快站起来，准备等待老师的责备，但老师却问道："你在哪间美术学校学过画？"泽霈摇了摇头，说："我没有读过任何美术学校，只读过广州市立师范学校，画是自学

1947年，关山月（右）、高剑父（中）、陈树人（左）在广州

的。"高剑父老师听后，"哦"了一声，心想：自学也能画得这么好，如果专门培养他，定能成才。老师爱才如宝，决定收下这个"冒名顶替"的学生为弟子。随后，高老师拿起泽霈临摹的那张玫瑰花走上讲台钉在黑板上，向大家说："这位同学临得很好，画得很生动。"

下课以后，高剑父老师走到泽霈的课桌前，对他说："以后你不要到这里来学了，这里每周只有两节课。你到春睡画院来吧，我教你！"

泽霈简直不敢相信，这是高老师对他说的话，全班同学向他投来羡慕的眼光，大家也感到不可思议，一代名师高剑父，怎么偏偏看中这个衣着破旧、冒名顶替混进来学习的穷青年？

泽霈惊喜过后却又难过地低下头，不好意思地说："谢谢高老师！但我只是一个小学教师，交不起学费。"他知道春睡画院的学生，是要交两百元大洋学费的。高老师回答说："你可以免费，不用交。"

泽霈再次不敢相信自己的耳朵，但这是千真万确的答复啊！他真的可以成为高剑父老师的学生了，这时梦想成真的泽霈高兴得不知说什么好了。

关山月在《重睹丹青忆我师》一文中写道："……当他了解我是一个穷教师，未曾受过专门的绘画训练，想学画又交不起学费时，他却非常高兴，主动准我免费，叫我到他主办的春睡画院学画。这个颇有戏剧性的情节，别人看了可能以为不过是件小事，然而却影响了我的一生。"

泽霈正式成为高剑父的学生后，高老师还给他起了一个艺名：关山月。"关山月"本是古代乐府中的一个题名，据《乐府古题》要解："关山月，伤离别也。"唐代诗人李白有诗《关山月》，前四句是："明月出天山，苍茫云海间。长风几万里，吹度玉门关。"泽霈拜高剑父为师之时，正逢国难当头，战火纷起，老师借乐府旧题作为学生之艺名，可能是希望学生将来能成为一个关心国家和民族命运，用笔墨反映时代的艺术家吧。

1937年卢沟桥事变发生，日本侵略者对中国发动全面的侵略战争，关山月任教的九十三小学被国民党当局宣布停办了。关山月失业了，收入也没有了，同时，他和妻子把出世不久的女儿送回乡下琼姑家抚养，因有病没钱医治，半年后夭折了。后来，妻子改名李小平，到顺德勒流荣村小学做代课老师，为保住这份工作不得不打掉刚怀上的第二个孩子，善良的妻子偷偷独自忍受这人世间最大的痛苦，无私地献出一个女子能牺牲的一切！

关山月实在没有办法了，只好对老师说了家境实情，希望老师能给他介绍一份工作。不料，老师听后很生气，板起脸说："我这里是画院，不是荐人馆，我是叫你来学画的，你要谋生可另找出路！"

关山月知道，高老师对艺术是很忠诚的，来不得半点虚假，他曾说过："宁可饿饭，也不能出卖自己的灵魂来求温饱，更不能以艺术为工具或手段来寻求个人的生计出路。"事后，关山月很后悔自己对老师提出这样的要求。但也许就是因为老师这么严格的要求，才使得这个学生更坚定地走上艺术道路。

其实高老师很同情这个有才华的学生，决定让他搬到春睡画院来住、吃、学习，费用全部由老师承担。老师还现身说法讲述了自己的经历："我为了学画，十四岁起跟居廉老师当书童，给他烹茶、扫地、倒痰盂，什么都做。为了学习和研究传统绘画，我求同学伍懿庄借他家珍藏的古字画来临摹，甘心向他下跪拜师。像你这样没有一点牺牲精神，怎么能在我这里学好画呢？！"

关山月知道老师是辛亥革命的功臣，高剑父1906年在日本留学时参加了孙中山领导的中国同盟会，1909年该会派他回广州设立同盟会广州分机关，他做了8年主盟人。他还参加了1911年4月27日之战，即黄花岗起义，任广东海陆军团

1947年7月11日，关山月与高剑父（左）
合影

协会干事。功成之后，有人荐举他为广东都督，
也有人推胡汉民充任，高剑父便声明自愿放弃，
解甲从艺。如果没有牺牲精神，哪有今天的艺
术成就？

　　关山月终于明白了老师的用心良苦，非常
感谢老师的教导和资助，并专心搬进春睡画院
学习了。高老师教他作画要"大胆落笔，细心
收拾"，告诉他创作要"笔墨当随时代"。关
山月在一篇文章中写道："……他常常对我们
说：'你们学我的画可不要完全像我，要创新，
要超过我——出于蓝胜于蓝。'正因为他提出
这样的要求，所以，我们同学之间的画风格没
有一个相同的。"高老师的理论和实践，影响
着学生的艺术创作道路，通过"折中中西，融
汇古今"的艺术实践，关山月看到了岭南画派
提倡的新国画的精髓。

　　由于日寇的侵华，春睡画院无法正常上课，
高老师只好带学生到乡村间写生。1938年夏天，
他们到四会县农村写生，老师画了不少以南瓜
为题材的作品。关山月也创作了国画《南瓜》
联屏。

　　1938 年 10 月 21 日，广州一夜之间沦入
敌手。广州沦陷的消息传到四会后，高老师立

即赶回广州处理相关事务，而关山月和司徒奇、何磊三师兄弟只好跟着难民们一起逃跑。到了开平司徒奇家，他们家是侨属，经济还比较宽裕，见到司徒奇他们平安到家，家里人非常高兴，立即杀鸡割肉，为他们备了丰盛的晚餐。他们离开四会后，没吃过一顿饱的，回想起回到司徒家前一天，走到肇庆附近农村时，饥渴交迫的司徒奇脱下手指上的结婚戒指，向农民换来番薯，借来一个瓦煲，拾些柴草，煮熟充饥，此情景还历历在目。很快，三人就狼吞虎咽地饱餐了一顿。后来，何磊也返回到自己家乡顺德了。

关山月留在司徒家住了七天，司徒奇的父亲司徒枚是个前清秀才，精通诗词，知道关山月是读师范出身的，也颇有古典诗词方面的修养，他们很谈得来。但当打听到高老师逃到了澳门时，关山月便决定要前往寻师。虽然司徒奇全家都劝他等有机会再走，但他觉得自己学业未成，也不能再给司徒家增添负担了，便婉谢司徒家人的好意，立意要千里寻师，继续求学。走前留下13幅画给司徒家，以作答谢之意。

关山月离开司徒家的那天，司徒奇的母亲连夜炒了一袋炒米，早上捧出来给关山月，慈母般地叮嘱道："路途遥远，注意安全，肚子饿了，这炒米可充饥。"司徒奇的父亲司徒枚将三块大洋放在关山月的手心，小声说："拿好，一点心意罢了。相信吉人天相，一路平安！"含着感激的热泪，关山月跟两位老人家道了谢，便把一袋画稿和一袋炒米往右肩上一搭，左手再拎上自己的小皮箱，上路出发了。

关山月经历了40多天的逃难生活，从开平到达广州湾，炒米早已吃完，三块大洋也用了，他还在经过广州时找到了妻子，但后来逃难时又失散了，他只好独自继续走自己的寻师之路了。

关山月知道有一位乡亲关铁民，在广州湾附近廉江县安铺汽车站做站长，他便偷偷爬上一部开往安铺的货车，找到关站长，求他帮忙。站长见关山月寻师求

20世纪30年代，在春睡画院习画时期的关山月

学心切，就安排他到一艘载运牲口开往香港的船上，并送给他两个大洋，关山月谢别后出航了。

到了香港后，关山月在摆花街遇到司徒枚的女儿司徒瑜，告诉他，高剑父老师住在澳门普济禅院，并说司徒奇也前往求学了。关山月听说后即乘船去澳门。

抗战期间，澳门这块葡萄牙殖民地也成为中山、斗门等地民众避难的地方。当地人称普济禅院为"观音堂"，因为澳门不大，问人指路就可以找到观音堂了。关山月高兴地来到门额刻着"普济禅院"四个大金字的寺庙前，见两旁的对联是"贝叶传经西天竺境，莲华妙法南海潮音"。关山月经过大雄宝殿，这里供奉的是观音菩萨，再进入前厅，见到用隶书写的门额："退一步斋"，还有清代著名书法家鲍俊写的对联："山水有灵亦惊知己，性情所得未能忘言"。一问便知，高剑父老师就是住在"退一步斋"东侧的"妙香堂"里。

高老师因为广州不能办学了，就将春睡画院搬来澳门上课，老师见到学生到来，非常高兴。能在普济禅院见到面，一起学习的师兄弟，关山月、李抚虹、司徒奇、罗竹坪、何磊，为了表达真情，在这里结为异性兄弟。

高老师还亲自和住持济航大师商量，安排关山月住在妙香堂的东厢，但济航大师知道这个穷学生是交不起伙食费的，不答应他在寺院搭食。而关山月确实是无钱搭食，来到澳门后只能是每天买一个面包充饥，这样挨了十多天，他白天去澳门筷子基和普济禅院后山山脚的海边、渔翁街和"海角游云"、青州岸边写生渔民和渔家的生活情景，晚上回来就完成老师布置的作业。

禅院里的老住持的大徒弟慧因大和尚，很同情关山月没饭吃。一天晚上，慧因和尚捧着一个酒精炉，还拿了一包大米和十多只咸鸭蛋，送进妙香堂东厢的房间，叫他自己煮食。关山月感激不已，原来慧因也跟高师学画，此后他就常带着自己的画作来让关山月指点。关山月还为慧因的画题跋，并送了不少字画、对联

1939年4月，春睡画院同学在香港合影，左起：关山月、黄独峰、黎葛民、梁惠清、苏卧农、李抚虹、杨善深

给他。两人互教互学绘画和佛学，成了知心朋友。关山月终于能安下心在澳门普济禅院学习了。

三/ 以画抗战

　　关山月坚持白天去写生，经常去澳门海边北面的黑环，画停泊在海湾上的破旧渔船和那些渔家妇女及穷孩子，那里的渔民和孩子都叫他做"契爷"（干爹），有时还送米汤和熟番薯给他充饥。这段时间他为创作抗战画积累了很多素材。

　　高老师见关山月这么用功，破例把自己珍藏的，平时不拿出来的古字画借给关山月临摹，使他学到了很多传统技法。另外，关山月还多次乞求同学李抚虹借他在日本留学时带回的《百鸟图》，限时连续用了15个晚上全部临摹完成，使他获益匪浅。

　　高老师除了在绘画技法上给予关山月教导外，还在创作题材的选择上启发关山月："眼光要放远一些，如民间疾苦、难童、劳工、农作、人民生活，那啼饥号寒，求死不得的，或终岁劳苦不得一饱的状况，正是我们的好题材。""尤其是在抗战的大时代当中，抗战画的题材，实为当前最重要的一环，应该由这里着眼，多画一点。"

　　关山月见过老师在1915年第一次世界大战时画的《天地两怪物》，还有他的许多风景画里，也配上飞机、火车、汽车、轮船、电线杆，甚至穿西装的人物等现代景物。老师的理论和实践，给关山月很大的影响和启发。

　　在禅院里，慧因曾劝关山月"抛弃功名，皈依我佛"，说："如果你愿意出家，西环有个妈阁庙也是我们普济禅院管的，给你做个住持，不愁无饭吃啦。"关山月答道："我学画不是为了功名，如今国难当头，我不能逃避现实，我们要积极抗战。而且我是有老婆的，散失是暂时的，我不能出家。"慧因连声说："阿弥陀佛……"关山月感激他一片好心，于是又说："这样吧，给我一年时间，如果找不到妻子，我就听你的，出家当和尚好吗？"于是1939年，关山月刻了一枚闲章"关山月皈依记"，他的原意是皈依艺术，高老师还为关山月书写"积建为雄"以示鼓励。但此时又闹了一个笑话，他借慧因的和尚袍照了一张相，本来是寄给

渔民之劫 1939年 172.3 cm×564 cm 关山月美术馆藏

同学开玩笑的,但不小心装错信封,照片却寄回家了。后来他做了很多解释,大家才原谅他,他相信会找到妻子,而且他还想去抗战前线呢!怎么可能出家呢?

在澳门住了两个月后,一位阳江老乡介绍他到临时开设于妈阁龙头左巷十号郑家大屋的洁芳女子中学教图画课,每周星期三有课,每月也只有三元钱的课酬,关山月也答应去兼课。后来,慧因和尚组织连声海、朱锵、谭适等,也包括自己在内,组成一个绘画学习班,由关山月在普济禅院的灵香堂授课。这样,关山月就可以自食其力了。

因为亲身经历了颠沛流离的逃难生活,目睹了日军的暴行和劳苦大众的深重苦难,具有民族责任感的关山月利用自己手中的画笔,投入这场拯救民族危亡的血与火的战争,创作了一大批抗战题材的中国画。

在普济禅院的妙香堂里,关山月把两张八仙桌拼在一起,用了整整十天十夜,画了六张六尺宣纸的六联屏《从城市撤退》,表现的是北方冰天雪地中民众在日寇轰炸下的逃难行列。关山月在回忆文章中写道:"当时我觉得当亡国奴是很惨的,目睹和亲身体会到的广州逃难都这样惨,就可以想象寒冷的北方之逃难惨象了。因此我想,画北方逃难不是更能揭露日寇的侵略暴行吗?"他在画上题了一个长跋,曰:"民国二十七年十月二十一日广州沦陷于倭寇,余从绥江出发,历时四十天,步行近千里,始由广州湾抵港,辗转来澳。当时途中避寇之苦,凡所遇所见所闻所感,无不悲惨绝伦,能侥幸逃亡者似为大幸,但身世飘

零，都无归宿，不知何去何从！且其中有老有幼有残疾有怀妊者，狼狈情形不言
而喻。幸广东无大严寒，天气尚佳，不致如北方之冰天雪地，若为北方难者，其
苦况不可言状。余不敏，愧之燕许大手笔，举倭寇之祸笔亡书，以昭示来兹，毋
忘国耻！聊以斯画纪其事，惟恐表现手腕不足，贻笑大方耳！28年岁阑于古澳，
山月并识。"

  1939年创作的《游击队之家》，画面上表现的是，破旧的房屋内，墙上挂着
渔民的竹帽，下面是一把大刀。墙上还有小孩子涂画的歪歪斜斜的用刺刀刺向敌
人的漫画。屋外火光冲天、硝烟弥漫。右边那位渔家妇女满眼的惊恐，她正面临
被日军侮辱的厄运。左边的日军面目狰狞。用关山月自己的话来说："当年创作
的动因，是因为曾见到这样的家庭，每个人都满怀积极参与抗战的热情，无论男
女老少，大家都被深深地打动了。"

  而由四张六尺宣纸组成的巨幅联屏《渔民之劫》，还有《三灶岛外所见》所
记录的是日本侵略军滥炸无辜渔船和"三光"政策的景状；《拾薪》则是反映澳
门当地平民生活的作品，由三张四尺大宣纸组成。

  1940年关山月又创作了《中山难民》，画的题记上写着："民国廿九年二月
十日中山县陷敌，民众逃难来澳，狼狈情形惨不忍睹，此图为当日速写所得。"
这幅画表现了孙中山故乡落入敌人之手后，乡亲们逃难的惨状。画面真实地再现
了断壁颓垣、简陋的草棚以及拖儿带女流离异乡的人群。画中人物达40多人，用

三灶岛外所见
1939年
145 cm×83 cm
关山月美术馆藏

游击队之家
1939年
155.5 cm×188.6 cm
关山月美术馆藏

笔简洁。

　　还有如《铁蹄下的孤寡》《侵略者的下场》《渔娃》等作品，这些记录着日本侵略者的野蛮暴行的抗战画，得到了社会的认可。所以1939年他的四幅作品《渔民之劫》《三灶岛外所见》《南瓜》《渔娃》入选并参加了前苏联主办的"中国艺术展览"，很受观众的欢迎。

　　关山月参加了1939年6月8日至12日的"春睡画院留澳同人画展"，其中《东望洋灯影》《千家香梦的大三巴》等画是有关澳门风景写生的作品，师生画展作品义卖，所筹款项用来赈济灾民。关山月还为师弟黄霞川画过中堂山水画《东望洋山下》立轴，另外，还为慧因绘制了《色空》《果》《小鸡》《竹雀》《花卉》等作品，现今还留存在澳门普济禅院。

　　1939年年底，关山月对慧因说很想举办一个抗战画展，但又无钱裱画，慧因说可以先帮他去裱画，关山月说展览的抗战画不卖，山水花鸟画可卖，以后有了钱就还给慧因。就这样，关山月的百余幅画由慧因签字担保拿去裱画店装裱。

　　1940年1月中旬，关山月在澳门创作的一批抗战画和部分山水花鸟作品一百多幅，终于在澳门展出了。展览请柬是由弟子朱铧去派送的，原本开幕时间是1月27日中午12点，因要等慧因的肖像画《色空》装裱，迟了半个钟头才由香港的刘少旅送到复旦中学展场，展览只好推迟到12点30分才开幕。

　　1940年1月30日《澳门时报》云：

　　名画家关山月氏，假白马行复旦中学举行之个人展览会原定由一月二十七日起至昨二十九日止，为最后一天。数日来莅场观众络绎不绝，每日平均二千余人。昨有名流王铎声、王祺等，由港赶程会鉴赏者，有名漫画家叶浅予、张光宇诸氏，对关氏《水乡一角》《防虞》《修桅》《渔市之晨》《流血逃亡图》《老鞋匠》

《游击队之家》称赏不已，惟均以该会展览日期太短，未能使渴慕关氏各界人士，有鉴赏机会，故将闭幕日期展至卅一日始行闭幕，并延长参观时间，由每日正午十二时起，至下午九时止云。

李抚虹撰有文《关山月小传》、《题关山月君〈关山月图〉》（诗两首）、《题关山月君〈流血逃亡记图〉》及《赠关山月君》（诗四首），还有《关山月新国画》文等。

当时在香港负责编《今日中国》画报的叶浅予和在《星岛日报》做编辑的张光宇，1月29日专程从香港来澳门复旦中学参观了关山月的画展，觉得很有抗战的宣传作用。决定邀请关山月把展览移到香港展出，费用他们全包。关山月感激地同意了，因为这正符合他以画抗战的心愿。

4月5日至7日在香港的展出，由于叶浅予、张光宇的宣传、推荐，引起了新闻界、文化界的重视，《今日中国》杂志上刊登了关山月的四幅作品，《大公报》和《星岛日报》还分别出了关山月《抗战画展专刊》；在香港的著名文化人士端木蕻良、徐迟、叶灵凤、黄绳、任真汉等在报上发表了评论文章，说关山月是"岭南画界升起的新星"，抗战题材的画"逼真而概括"，"真实地描绘了劳苦大众在日寇铁蹄下的非人生活"，"有力地控诉了日寇的野蛮行为"，"能激起同胞们的抗战热忱"。"抗战画展"竟然轰动了港澳。展览结束时卖了一些山水花鸟画，关山月还清了场地费用和裱画钱，28岁的穷画家决心继续努力前进。

叶浅予先生曾在文章中回忆说："关山月用中国画的形式画出了抗战的现实生活，这对中国画来说的确是一个大胆的突破。当年画展中有几幅作品至今记忆犹新。有一幅《渔民之劫》，画的是日本飞机在低空盘旋，扔出了雨点般的炸弹，海边的渔船被炸得狼藉不堪，桅樯沉在水里，木板漂在海上……这幅巨画画出了日军暴行，也画出了画家和人民群众同仇敌忾的义愤，在当时起到了很好的宣传作用。"当时，关山月想，既然画展可以起到"以画抗战"的作用，他就很想继续把画展办下去。

待关山月在澳门、香港的抗战画展结束后，他立即将卖画所得的钱还给慧因作裱画费，但慧因不肯收受，却很焦急地问关山月："听说你要出山？"关山月说："但高师不大想我离开这里，说这里是学习的好环境。"慧因想了一下说："你是对的，澳门是个小地方，你应该去大地方，你是个成大器的人，应该有更大的成就。"关山月想不到，出家人也会这样想，他很感激慧因对他的理解，并告诉慧因，他离开澳门的目的，是打算到抗日前线，用自己的画笔直接为抗战服务。慧因很关心地对他说："那这些钱就拿来做路费吧。"

关山月很感激高老师在澳门两年来对他的教导，临离开澳门时，再次请教老师，老师说了两句临别赠言："在山泉水清，出山泉水浊。"

老师的临别赠言，是告诫自己的弟子，出山后要永远记住和严守老师的教导，做人要正直洁白，要维护艺术尊严。话不长，意却深，成为关山月一生的座右铭。

关山月从澳门到达香港后，得知香港通往内地的水陆交通都被敌人封锁了，他在《大公报》上见到寻旅伴去韶关的广告，有对夫妇是韶关银行的职员，寻同行者，后来，他们就见面，商量好偷渡的时间和路线，决定从水路鲨鱼涌入东江到内地去。他们换乘了两只小船，足足走了半个月水路，冒险渡过敌人的封锁线，到了龙川县的老隆镇，又走了将近一个月，才抵达战时的广东省会韶关。

关山月去拜见新结识的画友黎冰鸿、胡善馀等，托他们去好几个战地服务团体联系，但都说不需要他这样的画画人。关山月的心凉了半截。但他很快就下定决心在韶关举办个人抗战画展，希望通过展览让社会了解他，争取找到服务战地工作的岗位。他亲自去租展场，印海报请柬，举行记者招待会。忙了一个星期，画展终于在曲江开幕了，来参观的人非常多，不但有青年、学生、教师、商人，还有政府官员、社会名流。出乎意料的是，在省政府当参议的阮退之来了，他进到展场就向关山月自我介绍是阳江人，关山月知道他是阳江的名人"南国诗人"，并知道他在大革命前就是共产党员，对开创广东南路地区的革命活动起过不小的作用。关山月感激地陪他参观画展，看完展览，阮退之题了一首诗赠关山月："高仑弟子关山月，海外归来乃见之。一水阳江才百里，有君为画我为诗。"第二天在韶关的报刊登出，为关山月的画展起了很大的宣传作用。

关山月画展开幕后第三天，碰上日寇飞机轰炸韶关，一颗炸弹正好落在展场旁边，展场一角被炸崩塌了，展览无法继续开下去了。关山月觉得他的计划和希望也都随之被炸毁了，只好回展场收拾好他的展品，放回他住的小旅舍里，又要考虑他的新计划了。

第四天，关山月去省政府拜访乡亲阮退之。他告诉阮先生，他没有机会去抗战前线作画，就想沿着西南、西北的路线，去写写人民的生活，画画祖国的名山大川，沿途再举办他的个人抗战画展，但他目前经济很困难，希望阮先生能帮助指条路。阮退之答复关山月："省政府是有资助艺术创作的经费，但李主席不了解你。你回去拿一张画来，我送给李主席，看他怎么表示啦。"为了偿还场租、住宿费和筹备以后的路费，关山月挑选了一幅大画《还我自由》送给广东省政府主席李汉魂，这幅画画的是一只被捆绑的白孔雀，挣脱了绳子，正展翅飞翔。果然，李汉魂收到画后很高兴，立即派人给关山月送来一笔稿费。

关山月还清了债务，又留备了上路的盘缠，阮退之还给他写了一封介绍信，叫他如果到广西，就去桂林找他的知交李焰生先生。

关山月先去韶关，打听到妻子李小平刚巧在韶关集训，他叮嘱妻子回去把工作辞掉，随他去西南、西北"行万里路"。夫妻二人能重逢团聚，为他以后所要走的路带来了坚定的信念。

四/ 行万里路

　　关山月开始他的"行万里路"计划了，他从韶关经衡阳到桂林。此时的桂林是中国第二个文化中心，不少著名文化人来这里办学、讲学、办报刊、开展览、宣传抗日。关山月靠阮退之的朋友李焰生担保，住在七星岩公寓的房子，很快就认识了夏衍、欧阳予倩、黄新波、余所亚等进步文化人，而黄新波也住在七星岩附近的木屋，关山月常去黄新波那里聊天，互谈时局和前线打仗的情况，分析美术创作前程的问题。

　　不久，关山月便开始筹备他的抗战画展了。黄新波、余所亚等进步画友都主动来帮他布置展场，派发请柬。展览于1940年10月31日在桂林乐群社礼堂开幕，主办单位是"漓江雅集"。可是那天，黄新波他们却没有来参加开幕式。关山月也不知怎么回事，后来才知道，原来开幕那天的《救亡日报》登了一篇《介绍关山月先生个人画展》的文章，后面署了19个人的名字，前面是广西国民党的政要人物黄旭初、苏希洵、黄同仇、刘侯武等。而进步文化人夏衍、张光宇、欧阳予倩等却排在后面。黄新波他们看了这串名单，非常不高兴，以为关山月投靠反动人物，所以不去参加开幕式。其实这篇文章是李焰生写的，那些名单也是他列的。实在是冤枉了关山月，发表文章的事他完全不知实情。第二天的报纸却登出了一篇署名"钝"的文章，指责《救亡日报》头一天刊出《关山月画展特辑》是错误的，批评关山月的画"陈旧""消极"，"宣传失败主义"。但接着又有人写文章不同意这些批评意见，赞扬关山月的画"清新""别开生面"，"能将大时代题材表现于国画上面之成功者"。展览期间报纸上不断有争辩的文章。直到夏衍在1940年11月5日的《救亡日报》第四版《文化岗位》专栏上发表了一篇文章：《关于关山月画展特辑》，其中说"《救亡日报》是一张以巩固强化民族统一战线为任务的报纸"，"我们对于这些旧艺术形式的作家，尤其是那些已经不满于过去的作风，而开始走向新的方向摸索的人，特别要用友谊的态度帮助他们，鼓

漓江百里图（局部一）　1941年　32 cm×2874.5 cm 关山月美术馆藏

励他们，使他们更进步。""因为作风派别不同而先天的用一种嫌恶的态度来对付对方才开始走向进步的人，现在似乎已经不是前进的文化工作者应有的事了。"这篇文章登出后，争论才结束，而黄新波等人与关山月又和好如初。

其间，关山月结识爱国高僧巨赞法师，一同参加"漓江雅集"活动。

关山月照样天天带着水壶、干粮出去写生，这时的关山月体会到"山水就是我的老师"，"不动便没有画"，所以他自己刻了闲章"古人师谁""岭南布衣""天渊万类皆吾师""领略古法生新奇"。并自写诗一首："诗余闲读帖，图罢急题词。白我时须问，古人何所师？"

经过一个多月的写生，收集了许多素材，他决定创作一幅百里漓江的长卷，但没有地方，怎么才能完成这幅大作呢？于是他去找李焰生帮忙解决，李焰生叫他搬到自己家暂住，可以在他家客厅画画。关山月感激地搬进李家住了，白天李焰生去上班，关山月就在李家客厅的八仙桌上铺纸作画，不够大就趴在地板上画。李家的小儿子李勇在旁边看着，还帮忙牵纸。

关山月用了一个月时间，完成了长卷《漓江百里图》（32cm×2874.5cm）。

1941年4月15日至16日，关山月在桂林桂东路广西干部建设研究会会议厅（八桂厅）举行他在桂林的个人画展，作品有：《漓江百里图》《月牙山的全景》《訾洲晚霞》《衡阳炸后》《桃花江》等。桂林的社会名流和美术界人士都出席了开幕式。评论家鲁琳在《救亡日报》发表文章写道："《漓江百里图》是他最近的精心的作品，题材是从漓江桥起，沿着漓江向下，直至阳朔为止。图长八丈多。在两个月的短期间完成这个巨大的作品。我们不能不佩服他优秀而热情的技能。记得读

歷史時宋朝有一個名畫家夏珪，作了一幅《長江萬里圖》曾經轟動過當時的人，《漓江百里圖》想來也會引起大家的注意吧。"

巨贊法師也寫詩《一九四一年春題關山月所作畫〈賀白虹書店開幕〉》和《又題關山月〈峨眉山黑龍江圖〉》，贊賞關山月的畫作。還有萬蔚周贈詩《贈關山月畫家》《從關山月畫家乞〈峨眉山圖〉簡謝》等。

這次展品多是桂林山水畫，很多人喜愛並購買，關山月將錢償還了旅店欠款和裱畫費外，餘下的留作去四川之行的路費。

關山月原本計劃從桂林經貴陽去重慶辦畫展的，但到了貴陽買不到去重慶的汽車票，只好留在貴陽等待。一天晚上，在小澡堂裡認識了幾個廣東老鄉，關山月說自己想去重慶辦畫展，他們告訴關山月，貴陽有很多廣東人在做生意，不如先在這裡開畫展，認識了大家，以後坐"順風車"走就行了。一個老鄉還說可以在他工作的廣東會館開畫展，關山月高興地同意了。在老鄉的幫助下，畫展就在貴陽廣東會館開幕了，真的來了很多廣東老鄉，關山月很快就認識了六七個司機，展覽結束後，他就乘老鄉的"順風車"到了重慶。

關山月在重慶開了畫展，還接受著名教育家陶行知邀請前往育才中學講課。其間還去遊峨眉，先到樂山觀賞高達71米的"世界第一尊大佛像"未來佛，後去了烏尤山頂的丹崖碧峰，縱覽了岷江、青衣江、大渡河等嘉山嘉水。關山月背著裝滿寫生稿的畫夾，來到烏尤寺門口，正準備坐在石板上休息時，一個帶有廣東口音的青年問他："你是不是廣東人？"原來此人是武漢大學的數學教授李國平，廣東豐順人，他是隨武漢大學搬遷來樂山教學的，愛好詩書畫。兩個廣東老鄉碰

漓江百里图（局部二） 1941年 32 cm×2874.5 cm 关山月美术馆藏

到一起谈得很高兴。最后，李国平还邀请关山月去他在乐山城里的家吃晚饭，从此，两人成了挚友，正是"人生得一知己足矣"。

4月25日，关山月又把重庆的画展搬来成都。关山月在《我与国画》一文中写道："画展第一天，张大千先生第一个到展场来看画。一见面他就问我，哪张画定价最高？他要买，并立刻吩咐同来的人替他交了现款。我记得那是一张峨眉山写生画，价钱多少忘记了，大约足够我数月的开支。自从这画挂上张大千的红纸订单之后，许多不懂画的买主也纷纷争购我的作品。我正当流落异乡，像行脚僧一样靠自己的手脚来养活自己的艺术，而且正处在被逼债的窘境，大千先生于此时伸出援手，真叫我感激涕零！"

展览结束后，关山月又赶回桂林，等待妻子的到来。

两个月后，妻子按和关山月先前的约定，辞去了儿童教养院教师之职，并把关山月的七弟送进儿童教养院读书，她就从广东连县赶来广西桂林。在桂林环湖路的一间竹织批荡的小房间里，夫妻终于团聚了，他们不停地互相叙述着各自的遭遇和经历，妻子知道丈夫学业有成，实为兴奋，丈夫为能和妻子同行万里，更是欣慰。为了纪念重逢团聚，关山月特地刻了一方闲章："关山无恙，明月重圆"。

夫妻二人在桂林住了一段时间就到贵州风景优美的花溪去了。这里的生活虽然比桂林更艰苦，但这里有瀑布奇观和美丽的苗族女。他们白天去写生，晚上回到小客栈，关山月在小桌上整理白天的写生稿，李小平在床上铺纸画她的仕女图。

整整一个冬天，关山月画了几十张苗族同胞的生活速写和黄果树瀑布的写生，李小平也画了十多张仕女图。

1942年春天，夫妻二人带着画稿和行李，搭老乡的顺风车，又到贵阳办画展了。

关山月这次带来许多新的作品，更受观众欢迎。他们受到贵阳市市长何辑五（何应钦的弟弟）的盛情接待，在贵阳当律师的阳江师范同学陈炳翰还招呼关山月夫妇住在他家里。参观展览的人很多，关山月的抗战画不卖，而很多人喜欢买山水花鸟画，得到一些收入，但因当时国民党时期法币不断贬值，为了保值，他们只好把钱换成黄金。李小平第一次戴上金项链和金戒指，她知道这不是为了打扮，而是为了以后的盘缠，行万里路就有保障了。

夫妻二人乘坐敞篷货车从贵阳出发去昆明，在海拔2千米以上的云贵高原上，颠簸了很长时间才到达昆明。带着同学陈炳翰写给其妻舅夏康农的信，去找他帮忙，夏康农是国立西南联合大学的理科教授，是小仲马名著《茶花女》的译者。他很喜欢文学艺术，与关山月很谈得来，一见如故。他还让关山月夫妇寄居他家。

关山月到达昆明后就去写生了，特意到黑龙潭写生那株有名的"唐梅"。后来他又要筹备画展，夏康农全家人热心帮忙，他们在展场帮忙把抗战画都贴上"非卖品"的字条，还四处发送请柬。关山月非常感激夏家对他的支持和帮助。许多名牌大学的知识分子都来参观了关山月的画展。

关山月夫妇发现参观人群中的徐悲鸿，他们迎上去，交谈后才知徐悲鸿刚在新加坡开完画展，本想再去美国展出，因珍珠港事件爆发，即从新加坡逃到缅甸，

1942年，关山月（右）和赵望云在成都切磋画艺

才回到云南的。徐悲鸿是高剑父的好朋友，因为知道关山月是高剑父的学生，他就很认真地看完展览，关山月请徐先生多提意见，徐悲鸿诚恳地说："不错，很新鲜！看来你跟你的老师学到了不少东西，开风气之先！"又说，"今天我们画国画，就应该有新面目，给人新的印象。"徐悲鸿的话，给关山月增添了探索艺术新路的信心和勇气。

昆明画展结束后，关山月夫妇又起程至重庆。他们先坐车到泸州，然后乘船沿着岷江入渝州，要穿过许多峡谷和浅滩湾，不时还要停泊等待水情好才能前航。关山月高兴地抓紧时间写生，所以在他的写生作品里，就有了岷江上独特的木舟、烟树和芦叶、水车等。两天后，才到达重庆。

关山月带着李焰生的介绍信，在重庆菜园坝找到了广西壮族自治区政府驻渝办事处，才借得一居室。因为重庆是山城，关山月夫妇每天要沿着五六十级石阶爬上爬下，进出全是陡坡，走路总是喘得上气不接下气的，但为了筹备画展，也要坚持。

这次在重庆办展览，裱画、租展场、印请柬、举行记者招待会等，费用很大。他们把贵阳、昆明卖画的积蓄全用上都还不够，李小平不得不把金项链、金戒指脱下来，作为租展场的抵押。

开幕那天，西北画家赵望云特地来参观，他很喜欢关山月的《漓江百里图》，他对关山月自我介绍，名赵望云，老家河北，客居陕西，现住成都，愿与关山月交朋友，欢迎去成都。两人成了一见如故的朋友。

赵望云还带老舍先生去参观了关山月的画展，老舍用关山月、李小平和赵望云的名字连成两句诗："山高月小，关远云平。"写在册页上，表达他们的友谊。后来赵望云又介绍关山月认识冯玉祥先生，冯玉祥还为关山月作画《倒骑驴的张果老》，为李小平作画《睡狮》。

重庆画展结束后，关山月夫妇收拾好展品和行李又前往成都去了。

关山月夫妇来到了文化人聚居的成都，得到赵望云的推荐，他们住进了督院街法比瑞同学会，音乐家马思聪、油画家吴作人、美术评论家庞薰琹等，都住在附近。后来余所亚、黄独峰、黎雄才也住进来了，非常热闹。

而雕塑家刘开渠，住在同学会的对面教育厅里，关山月夫妇为了省钱，干脆到他家搭食。由于大家都是搞艺术的，有共同语言，很快就成了知交。他们不但常在一起切磋艺术，议论国事，而且互相关心帮助。如马思聪要开音乐会了，大家出动帮他推销音乐会入场券，他的夫人没有新衣出场，庞薰琹夫人连夜用旧料翻新为她缝了件旗袍，演出之夜，李小平就帮他们带小孩。后来马思聪的女儿还成了关山月夫妇的干女儿。大家就像是生活在一个团结的大家庭里。

赵望云还介绍关山月认识齐鲁大学教授侯宝璋，侯教授虽然是病理学家，但喜爱收藏字画，还叫小儿子侯励存跟关山月学画。他们互相尊重，是典型的君子之交。

庞薰琹先生介绍华西大学英籍教授苏立文与关山月相识，苏立文对中国美术史很有研究，十分欣赏关山月的画。他们还互教互学中国画和英语，苏立文写了一篇评价关山月的《岷江之秋》的文章，登在伦敦的美术杂志上。

还有任四川省教育厅厅长的文化人郭有守，曾是留法学生，吴作人带他来参观关山月的画展，他又特地带四川省政府主席张群来看画展。张群后来通过郭有守要了关山月的一幅《南瓜》，因为有这样的爱好，所以郭有守对关山月的创作和生活都比较关心，这也是难得的。

在成都关山月日夜忙于写生和创作，支出多过收入。而妻子李小平在端午节前夜，突然病倒了，一夜之间，脸色蜡黄、全身肿胀、呼吸困难。关山月很害怕，但没有钱请车去医院，法比瑞同学会的邻里们过来见到李小平病情危急，也顾不

20世纪40年代，关山月与侯宝璋（左）在成都合影

上什么，就七手八脚地把她抬到医院去了，经医生检查，确诊是严重肺积水，须马上住院动手术，幸亏侯宝璋闻讯赶来，亲自出面签字担保，才办成入院手续。在住院手术期间，马思聪出钱买药，吴作人送来奶粉，张群也托郭有守捎来了两瓶鱼肝油丸……在那个冷暖人间，还有着难能可贵的人情味，这使关山月永远记住患难见真情。所以在后来漫长的岁月中，这些邻里，一直都是他的挚友。

在成都，关山月还特地抽空带着妻子去到乐山探望好友李国平。凑巧的是，那天刚好是李国平结婚的大喜日子，他见到老朋友远道而来，高兴地介绍新娘给关山月认识。关山月四周一望，只见新房里的一切家具都是旧的，唯一新的只是一顶帐子和一张布帘。结婚之日，一个宾客都没有，唯独他们这巧遇而来的宾客。见到李国平的今天，关山月触景生情，想起自己和李小平结婚，也一样有说不出的痛苦。不速之客的到来，使得新婚夫妇忙开了，新娘急忙抹地板，新郎走进厨房煮饭炒菜，而关山月坐在一旁用他的速写本，记下了这难忘的一幕。后来就创作了《今日之教授生活》（现藏于深圳关山月美术馆）。

李国平曾为关山月的《漓江百里图》题了一首七绝：

历尽江山快壮游，桂林秋色画中浮。

还教走笔三千里，抹尽烟云到益州。

武汉大学中文系教授吴其昌也扶病为《漓江百里图》写了一个长跋："……近世以来，华夏重荣，灭胡廷而奋起，青年硕人乃有拔山吞岳之雄怀，历块过都之壮游，功力艰巨于马夏，意境追媲乎郦柳，则岭南关山月先生之漓江图卷当之矣！仆处东海，关君处南海，维是无凤昔杯酒雅故，故言之不嫌于谀颂。关君展是卷于嘉州，仆往观焉，而始惊叹以为三百年来所未曾有。图大凡长八十余尺，

今日之教授生活 1944年 115.8 cm×64 cm 关山月美术馆藏

上：1945 年，关山月夫妇在四川
成都法比瑞同学会住所留影

下：1942 年，关山月夫妇在雅安留影

写漓水自导源以讫桂江，咸备丹山献翠岳，作风与宋朱锐赤壁图卷近（然朱卷甚短促）……闻人言阳朔山水奇绝甲环宇，辄闭目幻象，不知作何状，读关君此图而领味其灵神，故知关君丹青之功，亦足以移人而摄神矣。若第举一二笔法墨诀皴擦点抹之微以为颂，不知此及进学之技术，非所以语大方名家。关君此图，已具有境界神灵矣，自当阐述其大者，后之世有知艺君子，苟餍饫于斯卷，盖将不忘我言也。民国三十一年八月海宁吴其昌子謦父跋时侨蜀郡嘉定病中扶头书。"关山月深受鼓舞。

　　为了筹备成都的第二次画展，关山月很节省用钱。但丈夫却不知妻子为了过好中秋节，去当铺当了自己的衣服。

　　一天晚上，关山月为画展的事外出，他截了一辆三轮车，讲好价才上车，路上，车夫对关山月说："先生，真巧合，你和我一样，眉心都长了一颗黑痣，命运却不同啊！"关山月问："有什么不同？"车夫说："你还不明白！你坐车，我拉车……"关山月一听，心里头很不是滋味，有苦难言。再一打听，才知车夫家中妻子卧病在床，五个孩子等饭吃，难呀！下车时关山月把仅有的一张纸币塞给车夫，车夫说没零钱找，关山月说："不用啦！钱拿去给你妻子抓药好了。"车夫感激不已。而这天晚上，关山月也得到朋友的支援，老画家姚石倩答应当他租借展场的经济担保人。

画展终于在成都市美术协会开幕了，马思聪、吴作人、叶浅予、庞薰琹、赵望云、刘开渠、郭有守、黄独峰、黄笃维、侯宝璋、苏立文等同行好友都来了。没想到，张大千委托了借居在他家，向他学习中国画的叶浅予，代他前往贺展。并叫叶浅予帮忙贴红条订画捧场。叶浅予很高兴地看了画展，他挑选了几幅画得很好而价格也不太高的作品，贴上红条并交了订金，回到了张大千家，张大千说："应该挑最高价的订啊！"关山月除了抗战画不卖，山水花鸟画都有人买，订购重画玫瑰花的，就有20多人。画展结束后，关山月虽然得到一笔可以继续旅行写生的盘缠，但却欠下一大笔画债，要重复画20多幅玫瑰花，他画到厌烦了。后来他说，发誓以后不"卖"玫瑰花了。尽管这样，关山月还是很高兴的，因为又可以继续"行万里路"了。

1943年初春，为了进一步探求传统文化的奥秘和领略祖国大西北的风土民情，关山月婉辞师伯陈树人推荐其为南京国立艺专美术教授之聘，带上妻子，约好赵望云、张振铎同行，决定继续西北之行。他们计划先到西安、兰州举行画展，然后登西岳华山，再沿河西走廊出嘉峪关、入祁连山、过戈壁、进敦煌。

他们按既定方案，到西安、兰州举办了画展，并登上华山巧遇司徒乔，他们一路写生作画。但从兰州入敦煌之路，就艰难多了。进入河西走廊，过的是狭长而坎坷的公路，见的是那风吹黄土沙飞的苍凉景色。乘坐烧木炭才能动的汽车经过张掖、酒泉，出嘉峪关，又入祁连山，为了体验塞外生活，他们在这里住下，然后骑马到牧民点去深入生活、写生。这个时期，关山月创作了《祁连放牧》《牧

玫瑰
1939年
49 cm×53.8 cm
关山月美术馆藏

民迁徙图》等作品。

关山月一行在祁连山逗留了几天，又乘汽车前往敦煌，经过荒凉的戈壁滩，晚上才到达古旧的敦煌城。第二天一早，他们租了四匹马，关山月带头骑上马，赵望云、张振铎、李小平也紧紧跟上，两个多钟头就到达莫高窟了。

关山月夫妇等四人，总共用了20天时间，终于来到莫高窟皇庆寺，听说张大千刚离开。新到任的国立敦煌艺术研究所所长是常书鸿，关山月四人是他上任后接待的第一批客人。这里的生活条件很差，连饮食的水都缺乏，晚上关山月夫妇睡在皇庆寺（中寺）铺了麦草的土炕上，其他人另挤在一起住。

这里是名副其实的千佛洞，有五百个石窟，两千多尊造像，四万五千平方米的壁画。艺术宝殿莫高窟深深地吸引着他们，虽然临摹条件很艰苦，但关山月仍天天趴在昏暗的窟洞里临画，幸亏有妻子秉灯相助，他画到哪里，她就拿着蜡烛或油灯照到哪里。她的小竹篮里装有冷水、烧饼，渴了喝上一口冷水，饿了啃上一块烧饼，每天从早画到黑。由于关山月有爱妻的举灯帮助，所以他坚持在洞内画了一个多月，用他自己的笔法临摹了近百幅壁画。在同行四人中，只有他收获最大，关山月说功劳归于妻子。

在敦煌期间，他们还度过了一个难忘的中秋节，常书鸿带来他自制的又酸又涩的葡萄酒，赵望云开玩笑说，这是"常氏精制法国葡萄酒"。喝过酒后，赵望云还唱了一段激情的京剧。那天晚上的月亮特别的圆、特别的大、特别的亮。此后，他们一辈子都记住了这个在大漠上的中秋节。

冬天来临，画家们离开敦煌了，出了兰州，他们就分手了，赵望云回西安，张振铎去重庆。关山月认为他难得来到西北，还想多看些和多画些，夫妇二人便留了下来。他们冒着大风雪去青海，看了塔尔寺庙会，在兰州住了三个多月，深入西北少数民族地区进行写生。关山月画了一批西北风光的作品，后来创作了

1943年冬，吴作人与从
敦煌归来的关山月夫妇
在兰州相遇，吴关两人
互画留念

1943年冬，关山月为吴
作人画像

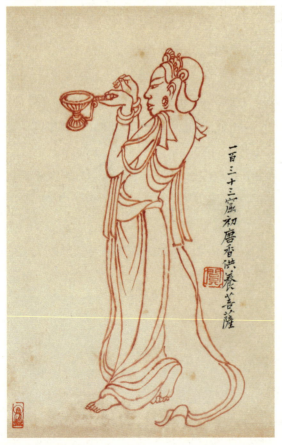

敦煌临画之一
1943年
34 cm×22 cm
关山月美术馆藏

敦煌临画之二
1943年
27.3 cm×45.3 cm
关山月美术馆藏

《黄河冰桥》《塞外驼铃》《祁连牧居》《敦煌千佛洞》《青海塔尔寺庙会》《驼峰晚憩》《蒙民游牧图》《草原牧马图》《牧羊女》等作品。更有趣的是，关山月在兰州巧遇吴作人，两人在骆驼背上互画，关山月在画上题："卅二年冬与作人兄骑明驼互画留念，时同客兰州，弟山月"。吴作人在画上题："卅二年三月骑明驼互画留念，作人"。

关山月在画集《关山月临摹敦煌壁画》自序中写道："我这次临摹由于时间所限，只能是小幅选临。选临的原则有三：其一，内容上着重在佛教故事中精选富有生活气息、而最美的部分，其中也有不少是历代的不同服饰的善男信女的供养人。其二，在形式上注重它的多样化，如西魏、北魏、六朝以至初唐盛唐各代的壁画，风貌差异很大，而且造型规律和表现手法也不大相同，只要符合我的主观要求的，就认真地选临。其三，我没依样画葫芦般地复制，而临摹的目的是为了学习，为了研究，为了求索，为了达到'古为今用'的借鉴。"可以看出，关山月在临摹敦煌壁画时，一直在思考研究这些壁画的构图、布局以及勾勒点染的技法和那些丰富的表现手法，而他最欣赏的是盛唐的作品，因为他认为这些作品，塑像造型优美，线条古拙浑厚，用色多彩迷人，达到了艺术的高峰。

关山月敦煌探宝回来后，又在努力地筹备自己新画风的画展了。

1944年冬，关山月在重庆黄家垭口"中苏文化协会"举办了"西北纪游画展"，一百多幅新作品，包括西北风光、民族人物以及敦煌临画等，在渝的文化界人士郭沫若、茅盾、老舍、田汉、阳翰笙及冯玉祥将军等到场祝贺参观。四川美术界同行们看了大为震惊，徐悲鸿评价道："风格大变，造诣愈高。"郭沫若先生看到关山月、赵望云合作的《松崖山市图》后，还作长诗长跋来赞颂。

郭沫若先生除了亲临展览开幕式，其间还来看了两次，并带了夫人于立群和秘书来。到了展览结束那天，郭老又来了，边看边评论，看到《塞外驼铃》和《蒙

黄河水车
1943年
32.8 cm×42.8 cm
关山月美术馆藏

民牧居》两幅作品，停留片刻，然后对关山月说："你把这两幅画借给我带回家去，我想在这诗堂上题诗。"关山月高兴地立即把这两幅画取下来，交给郭老的秘书，并对郭老说："非常感谢您！"第二天，郭老的秘书来通知关山月去郭老家取画。关山月去到天官府郭家，郭老拉着关山月的手进入客厅，请他看墙上挂着的关山月的两幅画，诗堂上已经写满诗句和题跋，他一口气读完，题在《塞外驼铃》诗堂上的六首绝句：

> 塞上风砂接目黄，骆驼无际阵成行。
> 铃声道尽人间味，胜彼名山着佛堂。
>
> 不是僧人便道人，衣冠唐宋物周秦。
> 囚车五勺天灵盖，辜负风云色色新。
>
> 大块无言是我师，陆离生动孰愈亡。
> 自从产出山人画，只见山人画产儿。
>
> 可笑琴师未解弹，人前争自说无弦。
> 狂禅误尽佳儿女，更误丹青数百年。
>
> 生面无须再别开，但从生处引将来。
> 石涛松壑何蓝本？触目人生是画材。

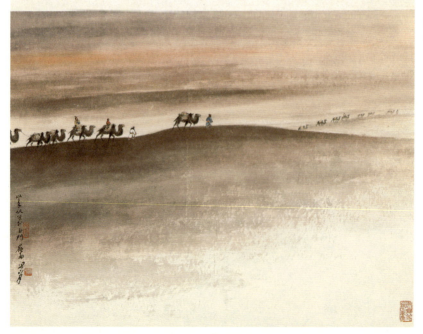

郭沫若的诗堂题跋

塞外驼铃 1943 年
45 cm×60 cm 关山月美…

画道革新当破难，民间形式贵求真。

境非真处即为幻，俗到家时自入神。

诗后又跋："关君山月有志于画道革新，侧重画材酌挹民间生活，而一以写生之法出之，成绩斐然。近时谈国画者，然喜作狂禅超妙，实属误人不浅，余有感于此，率成六绝，不嫌着粪耳！民纪三十三年岁阑题于重庆。"

在《蒙民牧居》的诗堂上，也题跋："……关君山月屡游西北，于边疆生活多所研究，纯以写生之法出之，历破陋习，国画之曙光，吾于此焉见之。"关山月读罢这些诗和跋，对郭老的学问和见解更是崇拜和感激。

于右任先生也为关山月的《哈萨克鞭马图》题了诗句。

后来徐悲鸿在为关山月《西南、西北旅行写生画集》作序时也写道："关君旅游塞外，出玉门、望天山，生活于中央亚细亚者颇久。以红棉巨榕分人，而抵

20 世纪 40 年代，关山月"西南、西北写生展"和"敦煌壁画临摹作品展"现场

平沙万里之境，天苍苍，地黄黄，风吹草动见牛羊，陶醉于心，尽力挥写，又游敦煌，探古艺宝库，捆载至重庆展览，更觉其风格大变，造诣愈高，信乎善学者之行万里路，获益深也。"说明关山月行万里路确实是影响了其艺术风格，收获甚大，画集在上海出版。

1945 年 8 月，在成都举办"西南、西北写生和敦煌壁画临摹作品展"，当时的美国新闻处处长欲出高价收购关山月的敦煌临画，但关山月不肯割爱，所以一直保留下来了。1997 年该批敦煌临画全部捐给深圳市关山月美术馆收藏。

关山月在自己写的一篇文章中回顾八年离乱，浪迹西南、西北行万里路的艰辛生活，而有独特的感受："在抗战中我流浪过，我逃过难，因为这流浪，由一个城市经过一大段泥黄公路，晒晒太阳，淋淋雨，抹过了一脸尘土，又到一个城市。逃难的经验，给了我流浪的勇敢，教我不怕路长，不怕在路上或遇到的贫困，启示了我'行万里路'的决心，所以敢于西经沙漠而叩敦煌之关，北至海疆而览海灵之秘，这都是由桂而黔，由黔而蜀，一步步养大了自己的胆子而准备后来的长途旅行的。""像我这样的一个南方人，从来未见过塞外风光，大戈壁啦，雪山啦，冰河啦，骆驼队和马群啦，一望无际的草原，平沙无垠的荒漠，都使我觉得如入仙境。这些景物，古画看不见，时人画得很少，我是非把这些丰富多彩的素材如饥似渴地搜集，分秒必争地整理——构思草图，为创作准备不可的。这是使我一生受用不尽的绘画艺术财富，也是使我进一步坚信生活是创作的源泉的宝贵实践，用我当时的话来总结就是：动是画因，不动就没有画。"这也许就是关山月对自己在抗战胜利前所走的路的一个自我总结，也是他艺术探索的继续。

五／《山长水远》

八年抗战胜利了，关山月夫妇也从成都回到阔别多年的广州，他见到满街都是瘦骨嶙峋的军马，就画了一幅漫画《接收后的军马》。

高剑父老师和画友们，都陆续回到广州、香港。关山月一回来就去谒拜恩师，向他汇报西南、西北之游的写生作品和创作，老师认真地审视学生的成绩，说："你挑一批出来办一个展览吧，让广东的朋友批评批评。"老师当即题写了展名："关山月西南西北纪游画展"，后来就在广州文明路广东省文献馆举办了"关山月西南、西北纪游画展"。当时教育部还购其《祁连放牧》一画，代表国家参加联合国在巴黎举办的教育展览，获盛誉。

1946 年，高剑父老师在春睡画院原址创办南中美术专科学校，聘关山月任教。关山月捐作品参加为广州中山图书馆募集经费而办的画展。

1947 年，春睡画院创办广州市立艺术专科学校，高剑父任校长，南中美术专科学校改称南中美术院。

关山月在上海大新公司楼上举办"关山月西南、西北纪游画展"，端木蕻良等前往观展。

关山月夫妇暑假下南洋，去泰国写生，后又遇画家王兰若同作南洋游。他们先后到槟榔、吉隆坡、新加坡写生、讲学和办画展，过了半年的南洋生活，创作了《椰林市集》《印度姑娘》《浴罢》等佳作。

1948 年 1 月，高剑父老师写信聘关山月担任广州市立艺专教授兼中国画科主任。为赶开学的准备工作，关山月夫妇在春节大年夜回到广州。

同年，关山月与高剑父、陈树人、赵少昂、黎葛民、杨善深先后在广州中山图书馆和香港圣约翰教堂举行了"六人联展"，其间，陈树人建议六人合作一张画，并抽签决定此画归属。后来由关山月保留了合作画和照片。

7 月，关山月在《关山月纪游画集》自序中写道："动和画是一体的"，"不

上：1948年，杨善深、陈树人、高剑父、黎葛民、关山月、赵少昂在广州中山图书馆举行六人联展时合影，并在照片上签名留念

下：椰林市集
1947年
117 cm×48 cm
关山月美术馆藏

动我便没有画，不受大地的刺激我便没有画。"其实关山月说的就是生活与艺术的关系。

初夏，关山月创作了一幅国画《平价膳堂》，反映了劳苦大众的心声，报纸登出后，引起强烈的反响。

1949年，关山月当选中国美术家协会理事。他曾与学生们一起参加了"反饥饿、反迫害、反内战"运动的抬尸游行，被列入登报的"黑名单"，还收到一封无落款的恐吓信，信纸上只画了三颗子弹，为免受迫害，关山月只身逃到香港。参加了"人间画会"，这是香港进步美术家团体。发起人是中国共产党党员黄新波，会长张光宇。关山月在这里第一次学习了毛主席的《在延安文艺座谈会上的讲话》。此

左：1949 年，关山月夫妇合照于香港文艺协会楼楼顶

右：1949 年 11 月，《中国人民站起来了》毛主席巨幅画像挂在广州爱群大厦，以庆祝广州的解放。画面长达 30 米，画像最下方题有"毛泽东主席像，广州美协筹委会制"。画家们及广东省军事管制委员会的工作人员在画像前合影，左起：伍千里、王琦、麦非、黄新波、张光宇、黄茅、杨秋人、关山月、戴英浪

时关山月的妻子李小平已改名李秋璜，随后也到港和他团聚。黄新波安排夫妻二人住在九龙砵仑街一栋小楼四楼上的香港文艺协会，用木板隔的一个小房间。虽然当时生活很艰苦，但还是很开心的。

7 月 2 日，关山月与李铁夫都接到被推选为全国第一次文代会代表的通知，但因交通受阻，未能前行赴京出席。关山月作品《春耕》参加了大会举办的"艺术作品展览会"。

10 月 26 日，关山月参加由人间画会在香港湾仔六国饭店举行的"庆祝中华人民共和国成立暨华南解放大会"。

为迎接广州解放，人间画会把 31 位爱国画家们集中起来，大家凑钱买画布、颜料，用了 20 多天时间，绘制了高 30 米、宽 10 米的巨画《中国人民站起来了》的毛泽东主席站着挥手的全身像。

1949 年 11 月 1 日，关山月和张光宇、王琦、黄茅、杨秋人、阳太阳、麦非等人乘坐从香港九龙开往新中国成立后的广州的第一班火车，亲自护送该画回广州。7 日，该画被悬挂在当时广州最高的建筑物爱群大厦西外墙。他们和广州军管会的同志一起在广州爱群大厦他们所绘的毛主席巨幅画像前的合照就是最好的历史见证。

1950 年 2 月 1 日，《人民美术》创刊号发表张光宇《华南美术界的动态》一文，写道："10 月的尽头，港九美术界还突击完成了巨幅的毛主席画像。该画在香港完成后，即于 11 月 1 日由广九铁路华南段通车的第一天第一班火车运送赴穗，护送的同志有关山月、杨秋人、阳太阳、黄茅、王琦、麦非、谭彦和我诸人，画运到广州后即移交军管会文艺处收下，再由该会同该处美术室同志商量如何把这幅画稳妥地悬挂在爱群的高楼上，一面赶快雇工建搭竹架，一面又邀请省、市两艺专的同学帮忙修整画幅，发挥集体力量，其迅速的程度真难以预想。事情在 6 日晚上全部弄妥，7 日的一整天，我们从容地把大画树立起来，当时围观的群众，

万头仰空，其兴奋之情状，直留至深的印象。"

关山月在香港文艺协会和人间画会工作期间，他在香港报刊上发表一些香港平民的生活速写和漫画，并进行连环画创作。

关山月在香港创作的《虾球传·山长水远》连环画，是以香港著名作家黄谷柳（1908—1977）的《虾球传》第三部《山长水远》为内容创作出来的。原画稿共有 94 张，其中有一张两面都有画，每幅尺寸为 22cm×27cm，这是关山月创作最早的、篇幅最多的，当年却没来得及正式出版的一套连环画。《虾球传》是以二战结束后的香港社会为背景，表现火热的革命斗争生活，以粤港现实生活与人物为题材的。内容是以主角虾球由做街边小贩，充当"鳄鱼头"手下，以至投身革命队伍的不平凡际遇为主线展开，塑造了一个生活在香港下层的少年虾球成长

1949 年，《虾球传》第三部《山长水远》连环画封面设计稿

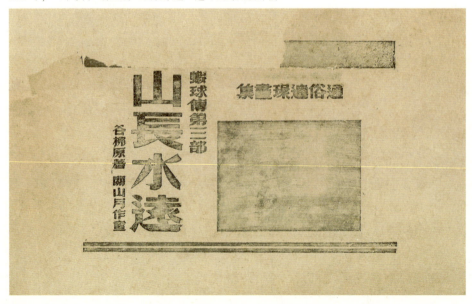

山长水远之一

山长水远之二

的曲折遭遇。小说中的主角一生的起伏转变，很有传奇和戏剧色彩，在当时粤港地区产生了强烈的影响，作品采用流畅的地方方言，有浓烈的地方特色，是当时香港最畅销的小说之一。关山月绘制的《山长水远》，体现了他一向重视生活和写生的特点，表现手法是用浓墨线条的笔力"写出来的"，作品中的人物刻画得很生动，生活环境描绘得很真实，具有浓厚的粤港地方特色，画面很吸引人，从内容到形式，看后给人留下深刻的印象。

关山月的这套连环画完成后，交给了《华商报》的夏衍先生，很快就被编辑成书，只是未付印。原计划是年底出版的，但因夏衍后来又北上参加全国政协会议而搁置了。

1949年10月14日，广州解放，《华商报》在10月15日宣布停办，工作人员全部转到广州办《南方日报》，而此时的关山月正和香港人间画会画家为迎接广州解放，集体创作《中国人民站起来了》的毛泽东主席像。因此，《山长水远》连环画的命运如何，关山月也无从打听。

直到1993年关山月在北京参加全国人大会议期间，见到香港李国强先生，才知道《山长水远》连环画稿还在香港。遗憾的是，关山月生前还是未能见到出版物。半个多世纪后，香港回归祖国十周年的2007年，香港画家萧晖荣从李国强先生手上收藏到《山长水远》这套连环画原稿，他把作品带到深圳关山月美术馆展览并出版成书，终于完成了关山月先生这未竟的心愿。

1949年11月17日，关山月回到他原来工作的广州市立艺术专科学校，老师和同学们热情地欢迎他返校。他看见学校一切都完好无缺，感到很高兴，但心里却有些难过，想到该校的创始人、恩师高剑父曾答应留下来办学，想不到正需要他的时候，他却被人恐吓又跑回澳门去了。而且关山月也写信劝老师回来，但还是未成。后来，上级派著名作家欧阳山带领筹备成立华南人民文学艺术学院，将省、市艺专并入学院成立美术部,黄新波任部长,关山月为副部长。

1950年年初,关山月又看到革命作家江萍写了一部以红色小鬼为主人公的长篇小说《马骝精》,读后觉得它再现了革命斗争生活,他又画了《马骝精》连环画,并逐日在报纸上连载,影响很大。

关山月的连环画,正是他理解了"生活是创作的源泉",和他深刻体会的"不动我便没有画"的艺术观的体现。

1950年9月7日,关山月在学院开学典礼上作了《中国画如何为人民服务》的发言。当学院的教育工作逐步走上正轨的时候,华南地区的土地改革运动开始了,接到上级教育部门的通知,学院全体师生要到"土改"前线去,口号是"教育跟实际斗争相结合、跟劳动生产相结合";还说教授们属于"资产阶级知识分子",要通过火热的群众斗争洗刷自己的"剥削阶级意识"和"知识分了的劣根性",要"脱胎换骨",接受改造。

1950年11月,关山月等老师带着学生们到了广东沿海地区宝安县参加"土改"。一年后,又转战到山区云浮县,在农村整整呆了三年。

三年来,关山月确实是接受了很大的教育和改造。在宝安农村时,他住在贫雇农家里,睡的是有跳蚤的床,吃的是清粥水,生活很艰苦。关山月的工作是任宝安县人民法庭副庭长,每天要去访贫问苦、调查办案,总之,领导交给的每一项工作,他都认真地去执行完成,他认为这是在工作中改造自己,锻炼自己。

到了1951年冬天,组织上把关山月从宝安调到云浮"土改"队,任云浮县人民法庭副庭长。

一次,县委书记交给关山月一个任务,要他送文件给土改队第四区的区长陈残云,说是要和罗定县联合起来剿匪,而县委知道关山月与陈残云是好友,所以送文件的任务就交给关山月了。书记还交给他一支左轮手枪,带着路上防身。虽

1950年，华南人民
文学艺术学院美术
部同仁合影。前排
左起：黎雄才、杨
秋人、方人定、王
道源、阳太阳、陈
雨田、陈残云、欧
阳山、黄笃维、杨
讷维、关山月、虞
迅、徐坚白。后排
左起：谭雪生、黄
新波、梁锡鸿

1950年，全国开展
土地改革运动，关
山月（前排右三）
与作家、画家、海
防部队在滨海体验
生活

然他是边走边问路，但由于走了一段弯路，多走了两个钟头，到深夜才到达第四
区区委会。当他把绝密文件交给陈残云时，才松了一口气，谈起他那惊险的路途时，
陈残云还笑关山月是个能干的书生，关山月说："这是'逼上梁山'啊！"

1951年6月22日，关山月的恩师高剑父，病逝于澳门镜湖医院。

直到1953年，"土改"进入复查阶段，三年来不准画画，现在终于批准关山
月和杨秋人等成立了一个创作组。他们利用业余时间画了一批速写和白描作品，
提供给《南方日报》作为报眼画发表。

关山月还创作了一套连环画《欧秀妹义擒匪夫》（1951年出版），是反映粤
西山区"土改"和剿匪斗争的真实写照。

穿针 1954 年 39 cm×31.8 cm 关山月美术馆藏

六/　教学相长

1953年秋，关山月从"土改"前线回到学校，一开学就带学生到阳江闸坡渔港写生。不久，学校接到中央文化部命令，为了建立全新的教育体系，全国进行高等院校的院系调整，中南地区的湖北省、广东省、广西壮族自治区的中南文艺学院、华南人民文学艺术学院、广西艺专三校集中人力、物力分别整合为中南美术专科学校和中南音乐专科学校。

11月19日，中南美术专科学校在武汉市武昌区和平电影院召开大会，宣布中南美术专科学校正式成立，国务院任命胡一川为校长，关山月、杨秋人、阳太阳为副校长。并举行开学典礼。校址设在武昌解放路309号，中南美术专科学校、中南音乐专科学校两校同设于一院内。

关山月和妻子李秋璜、女儿关怡全家也从广州搬迁武汉，住在中南美专校内的教工宿舍。

在中南美专中国画专业里，关山月主要负责人物科教学。在教学中，他鼓励学生用毛笔写生，并亲自在课堂上完成了人物画示范作品《穿针》，在课堂上以自己9岁的女儿关怡为模特，直接用毛笔画成后再染色，作品既生动又逼真。画面题记写着："一九五四年春为阿怡画象，关山月笔"。

1954年9月，中南美专附属中等美术学校正式成立，宣布关山月兼附中首任校长。

1955年1月，关山月的作品《新开发的公路》入选"第二届全国美术作品展"，并由文化部收藏。

上学期，关山月带学生到河南省信阳南湾水库工地劳动写生，劳动之余，关山月也画了不少写生作品。

5月，关山月到北京参加中国美术家协会第一届理事会第二次会议。

6月，关山月到青岛写生。本年度，关山月被选为全国文联委员、湖北省文

新开发的公路 1954年 177.9 cm×94.1 cm 中国美术馆藏

1958年，关山月（右一）和中国画系毕业班学生在武汉钢铁厂合影

1956年，前排左起：关山月、黎雄才；后排左起：孔宪明、陈金章、梁世雄、谭荫甜，在作品《战斗在张公堤上》前合影

联副主席。

　　1956 年 3 月，国家派关山月随中国人民春节慰问团赴朝鲜前线慰问中国人民志愿军，并在朝鲜写生，回来后创作了一些以朝鲜为题材的作品。

　　中南美专将绘画系中国画专业组建为彩墨画系，关山月任系主任。关山月还和黎雄才、孔宪明、陈金章、梁世雄、谭荫甜等师生，以武汉防汛抗洪为题材合作了大画《战斗在张公堤上》。

　　关山月创作的作品《一天的战果》获"湖北省美术作品展"一等奖。

　　7 月 1 日，关山月被邀参加武汉地区在汉口礼堂举行的"纪念党的生日座谈会"，会上还有一批高校知识分子集体宣誓入党。30 多位新党员中有武汉大学教授李国平，关山月向这位多年不见的老友表示祝贺。会后，他们一起用餐，李国平鼓励关山月争取早日入党，关山月思想上又有了新的飞跃。

　　7 月，关山月的作品《问路》《和平保卫者》入选由文化部和中国美协在北京举办的"第二届全国国画展览"。

　　8 月至 9 月，国家安排关山月与西安美专副校长刘蒙天赴波兰访问写生。关山月作品《萧邦故居》《陶瓷艺人》等 60 余幅，在驻波兰的中国大使馆内举办观摩展。9 月底，经前苏联归国途中，参观莫斯科契斯卡柯夫美术馆。回国后，在北京举办了"关山月、刘蒙天访问波兰写生展"。

　　11 月，关山月在中南美专宣誓加入中国共产党。

　　年底，关山月被评为三级教授。

　　1957 年 2 月，关山月代表中南美专出席文化部艺术教育司召开的艺术教育工

山村跃进图（局部）　1958年　31.3 cm×1526.5 cm　关山月美术馆藏

作会议，与会的全是同行的专家，他在会上提出了建议："美术院校必须分科，中国画教学在中国美术教育上是应该占有重要地位的，美术院校一定要建立中国画系。"当时，杭州美院潘天寿教授也不谋而合地提出了相同的建议。他们的建议，得到与会人员的赞同，也得到北京领导的重视。为传承发扬民族传统文化，迈出了一大步。

因为中南地区的区域名称不久将要撤销，所以国务院文化部正式批准，同意中南美专迁校广州。

4月至5月，关山月带学生到湖南醴陵南桥乡以及衡山写生。

同年下学期，关山月参加由武汉高教系统组织的去鄂北参观山区的农田水利建设的治动，历时半个月，为创作《山村跃进图》搜集了许多写生素材。

9月，按照上级指示，学校也开展"反右"运动，大鸣大放，大辩论，全体师生参加，基本上停课。关山月也不例外，但晚上回到家，偷偷地抓紧时间，开

始构思，创作《山村跃进图》《山乡冬忙图》等作品。

到了 1958 年，长卷《山村跃进图》绘制完成，并参加在莫斯科举办的"社会主义国家造型艺术展览"。

5 月，关山月带学生到武汉钢铁厂工地写生。

6 月 12 日，关山月参加了中南美专第九次校务委员会会议，在会上汇报了下乡下厂的情况，会议通过，决定 7 月中南美专迁校广州。

7 月，与家人一起随中南美专由武汉搬迁至广州，关山月在武汉从教的日子结束了。经历了五年的中南美专将改名为广州美术学院。

关山月在武汉工作生活了五年，时任全国文联委员、湖北省文联副主席、中南美专副校长，国画作品深受大众赞赏，具有很大影响力，故武汉市政府视他为武汉名人。2002 年，武汉市名人公园立有 18 个名人塑像，关山月是其中一名，也是中南美专的光荣。

广州美术学院成立后，关山月任副院长兼中国画系主任。为了建立中国画的新教育体系，他继续进行教学试验。关山月认为，中国画的线是反映物象富有表现力的以一当十的艺术语言，我们应该继承它、发展它，使它成为一种科学的、与中国画体系相适应的、和中国画系专业不脱节的新素描。

关山月在文章中写道："素描是个概念，西方就有各家各派、各式各样的素描，中国的白描也属素描。而当时提出来的所谓'西洋素描'，指的又仅仅是苏联流行的一种模式。苏式素描是适应苏联式油画风格的素描。我反对把这种素描作为中国画的造型基础。""这和中国的白描写生不同，我们首先强调'形神兼备'，画人物就从人体不变的结构入手，即从结构出发。"他带领一班青年教师，一起动手、动脑来进行研究、试验，关山月挑选青年教师刘济荣做他的助手，进行教授学生用毛笔写生的教学实践。他拿年轻教师的作品向学生展示，请他们介绍自己的心得体会，增强了大家的信心。经老师们反复多次这样的教学实践，师生们也出现了一些好作品，如《砍柴老人》《青年农民》《老人与少年下棋》《老头》《穿针》等。他对老师和同学们说："能者为师，凡是画得好的作品，就拿出来做示范，进行总结。"他主张互教互学，教学相长，发挥集体智慧，每一次作业都组织师生集体讨论，通过每一次作业的总结，就多一份经验。因为美术教学是直观教学，关山月的教学方法之一，就是老师要亲自绘制示范作品，如他的《穿针》作品等，又如他在20世纪40年代画的西北写生作品，就曾无私地给过学生陈金章、刘济荣、陈章绩等观看、临摹。

关山月对中国画的造型基础和手法，有自己的看法，虽然他认为用西洋素描去教中国画是不成的，但他也不完全否定西洋素描，否则他不会对青年教师说："你们有西洋造型手法，我有传统中国画理论，大家一起来研讨。"他指的是不能长期地用西画方法来教中国画。他用京剧《三岔口》来形容中国画的表现手法。而

1960年7月，在广州美术学院师生合作《向海洋宣战》。前排左起：曾道宗、林凤清、关山月、王鹰、易至群；后排左起：曾晓虎、麦国雄、乐建文、单柏钦、史正学、陈章绩、何炽佳、崔兴华、莫麓云

西洋戏就要把真马拉上舞台表现。他还说："如齐白石画虾不画水，画鸟不画天空，这就是中国画的威力。"他主张多用毛笔画画，写生时直接用毛笔写，特别是要练习毛笔速写，用脑、手、笔齐动作去画。所以，他在文章中总结道："在实践中提倡'四写''三并用''两要求'。'四写'是指临摹、写生、速写、默写，并发扬'骨法用笔''气韵生动'的传统；'三并用'是指刻苦锻炼好手、眼、脑并用；'两要求'是指真正做好'形神兼备'的功夫，认真解决好'气韵生动'的问题。"

关山月坚持与中国画系的师生们反复探索、试验，收到了很好的效果。"1960年、1961年广州美术学院师生作品展"在上海、北京、武汉、东北等地展出时，中国画系的师生作品受到极大的关注和好评。更令人难忘的是，其中有一名学生何同学的课堂国画写生作业，作品上各处写满关山月老师的意见和评注，这样严谨负责的教学态度，深受大家的称赞。关山月在教学方面，还有一个很好的经验，就是因材施教，任何学生，如果成绩跟不上，关山月都会先肯定其优点，再帮其找出毛病，使之更进一步提高。这样的教学方法，也传承给了后来的年轻教师，产生良好的教学成绩。

关山月经常带学生下乡下厂写生，1960年和广州美术学院国画系毕业班的学生们到湛江堵海工程工地，既劳动又写生。回校后，除辅导学生完成毕业创作外，还与师生们合作了巨幅国画《向海洋宣战》（四张九尺宣纸大联屏）。这就是"教学相长"的成果，给广州美术学院留下历史性的作品，现藏于广州美术学院美术馆。

在关山月任国画系主任、黎雄才任副主任期间，教师队伍不断扩大，有杨之光、陈金章、梁世雄、吉梅文、谭荫甜、刘济荣、诸函、麦国雄、单柏钦、易至群、乐建文、陈章绩、赵崇正、容庚、麦华三、秦萼生、何磊、李国华等来任教。在艺术上，他们没有门户之见。关山月还邀请了当代知名的国画大师傅抱石、潘天寿、

20世纪60年代，关山月在广州美术学院上课时做人物写生示范

1960年，关山月为中国画系四年级学生上课时做人物写生示范

刘海粟、邵宇、陈大羽等来学院指导及为师生们讲学示范。他希望学生们能从各种流派和多种技法中吸取营养，学到更多本领，为促进教学起到重要作用。

又如1964年国画系毕业班的创作课程，关山月亲自任主导教师，任课老师是刘济荣，这一届毕业创作成绩非常突出，如王玉珏的《乡村医生》《农场新兵》、黄泽锋的《卖年画》、洪植煌的《日记》、林丰俗的《沙洲坝》等。

关山月很注重培养年轻教师，只要有机会就组织大家去外地参观各种画展，或派他们去北京等地进修、学习。国画系刘济荣、陈章绩等都被派送去北京中央美术学院进修，他还亲自写信鼓励他们好好学习。后来，很多年轻教师也陆续去北京故宫临摹古画和壁画，收获甚大。关山月在自己的文章里总结道："在中国人物画教学上采取了新的措施，取得了一定的成果，只可惜这一个良好的开端，又被一场十年浩劫的'文化大革命'冲击掉……到今，我还怀念这段'教学相长'的既难得又有意义的教学历程，并以未能彻底实现我的中国人物画的教学理想而引为毕生憾事！不过，我还得郑重声明一句，那阶段人物画课取得的一点成果和点滴经验，其功劳是归于集体的。"所以20世纪60年代，关山月发表文章《橡皮的功过》《有关中国画基本训练的几个问题》《教学相长——为建立中国画教学的新体系而写》《谈中国画的继承问题》及由杨之光执笔的中国画系教学总结《谈中国画"四写"教学——摹写、写生、速写、默写在中国画系人物科教学中的意义》等，都是总结性的经验，当时影响到全国。虽然后来由于各种原因的干扰，致使教学试验未能继续下去，但关山月在中国画教学上的成绩是功不可没的，他就是一个成功的美术教育家。

七/ 江山多娇

　　1958 年年底，关山月接到外交部的通知，要他到欧洲主持"中国近百年绘画展览"。原先是决定由中央工艺美术学院院长张仃主持，他已带展品去了瑞士，后因北京将为第二年的中华人民共和国成立十周年，兴建十大建筑，要张仃回北京参与这些工程的规划设计，所以改派关山月去接替。这个画展展出作品共 103 幅，全是近百年已故著名画家的名作，从赵之谦到徐悲鸿等名家。关山月到北京接受任务后，带了一个翻译李振环就出发了，经莫斯科到瑞士日内瓦，张仃在瑞士中国大使馆与关山月交接完工作后，已经进入 1959 年了，关山月立即带着展品飞赴法国巴黎。

　　那时，中法还未建立外交关系，关山月争取得到侨胞们的支持，他们中有的曾和周恩来等同志是同学，特别关心祖国，他们主动组织人员轮流到展场值班维持秩序。展览会安排在总统府旁边的展厅，法方的工作人员布展挂画全是带着白手套，法国人严肃认真的工作态度超出了关山月的预料，开幕那天，来参观的有学生、民众、小孩、老人，他们认真地观赏中国艺术，称赞齐白石的中国毛笔具有惊人的表现力，议论徐悲鸿的《逆风》画上的那群飞雀和芦苇的风感。这时的关山月，又联想到要建立中国画教学体系的必要性，要发扬中国绘画艺术"气韵生动"的特长，增强了他要教学改革的信心。

　　画展在巴黎展出了一个月，报纸发表了文章 70 多篇，法中友好协会提出要求延期一个月，但因原来已经安排了比利时、瑞士的展期，不能变动，关山月答应如果有时间就等比利时、瑞士展出后再回来巴黎续展。

　　展览期间，关山月参观了巴黎高等美术学院，以及卢浮宫、罗丹博物馆等，并在巴黎高等美术学院举办了题为"齐白石绘画艺术的特点"的讲座，他还即席画了三幅小画，使法国画家大开眼界，并用抽签的方式送给了法国画家作留念。关山月曾在《中国画的特色》一文中叙述："我在巴黎负责展览时，展品都是已

1959年4月，关山月（左四）在巴黎主持"中国近百年绘画展览"，与欧洲画家一起合影

1959年1月，关山月（右）与张仃（左）在瑞士中国大使馆宿舍前留影

故画家的作品，主办单位为了说明我的身份是画家，便主办了一次巴黎画家的联欢会，安排我作一次当众的表演，即席挥毫。当时我一口气画了花鸟、山水、动物三幅小品，巴黎画家们围着观赏我创作的全程，无不伸出舌头，叹为观止，为我鼓掌叫好，并提出要收购。我说不能卖只能赠送，但只有三幅，大家抽签好了，看看谁有运气，抽得者当然高兴不已了。"关山月还利用空余时间去写生，收获很大。《美术》第四期发表关山月《巴黎书简》一文。

关山月带"中国近百年绘画展览"经荷兰到比利时、瑞士展出。当画展在瑞士的展期将要结束之际，接到由中国驻瑞士大使馆转来的北京的电报通知，要关山月立即回国，为迎接新中国成立十周年大庆的十大建筑之一——北京人民大会堂作画。因为时间紧迫，原先答应再回巴黎续展的计划只好取消，4月底，关山月结束欧洲之行回国。

　　1959 年 4 月底，为庆祝新中国成立十周年，国务院办公厅将关山月从欧洲召回北京，通知他和当时任南京国画院筹委会主任的傅抱石，分别前往北京接受任务，为北京十大建筑之一的人民大会堂合作巨画。题目是周恩来总理定的"江山如此多娇"，创作内容取自毛主席的《沁园春·雪》词意。时间限在国庆节前完成。

　　任务是光荣而艰巨的。关山月和傅抱石分别是岭南画派和金陵画派的画家。他们每天在一起研究、交流，互相提意见，反复修改草图，用两个月时间，经四稿后才基本通过草图。关山月在他的回忆文章中写道："在四个多月的创作过程中，大家都从全局出发，从效果考虑，发扬各自所擅长、尊重对方的优点，互相学习，取长补短。在一致的目标下，我们都能自觉地在合作的全过程中，甘当对方的助手，乐于做对方的配角，又务求保持自己的风格和特长，全力以赴来对待这项严肃而又艰巨的任务。""生活要有积累。傅抱石和我为人民大会堂画的《江山如此多娇》，我画的雪山，就从我画祁连雪山熟悉的素材中得到不少益处。生活积累的基础越扎实，对艺术创作就越有好处。"《江山如此多娇》的前景松树和远景的长城雪山是关山月画的，而大河上下的流水瀑布和山岩就由傅抱石画，他们互尊互让的作风，使画面上保留了南北各人的风格，并达到了最佳效果。

　　关山月和傅抱石在创作期间被安排住在北京东方饭店，二楼的会议厅变成了他们的画室，由荣宝斋特制了一米多长的大笔和排笔，并用五六个大号的盆作为调色盆。夜以继日地工作。周恩来总理、陈毅副总理、郭沫若老先生多次莅临指导，启发画家们的创作思路。陈毅副总理说："创作《江山如此多娇》，首先在画面上必须突出一个'娇'字。既要概括祖国山河的东西南北，又要体现四季变化的春夏秋冬；不仅要表现'长城内外'与'大河上下'，而且要描绘出'山舞银蛇，原驰蜡象'，要有江南又有塞北，要有长城又有雪山。只有在这'多'的气势中才能体现出'娇'来。"郭老提出画面上应该出现一轮冉冉初升的旭日，并对两

1959年，关山月、傅抱石为北京人民大会堂合作《江山如此多娇》

位画家说："一定要保持各自的风格，又一定要使画面求得和谐统一。"9月中旬周总理在陈毅同志的陪同下，来到人民大会堂现场做最后审定，周总理在赞扬的前提下，提出画面要加大，他明确地说："至少要加宽两米，加高一米。"并提出太阳要加倍放大，太阳上色要用最好的朱砂，才能永葆光辉。关山月和傅抱石同意了，之后，画家们又日夜加班修改，画幅从原来的550cm×700cm扩大到650cm×900cm。9月下旬，这幅巨作才算基本完成。

更有意义的是，9月27日周总理亲自去请毛泽东主席为该画题词，而当时毛主席不在北京，去了乡下，但他还是在百忙之中写了四幅"江山如此多娇"题词，还亲自在有的字旁打了圈。回函中写道："供选择。"大家分析，大概圈多的是毛主席自己感到满意的，不妨挑圈多的字拼起来，

关山月与傅抱石合作的《江山如此多娇》

1977年5月，毛泽东书法《江山如此多娇》捐赠中共中央办公厅收藏，关山月全家留影

果然十分和谐。然后由中央工艺美术学院张正宇教授负责把"江山如此多娇"六个字放大描摹在画面上，整整用了一个通宵的时间才完成。最后，毛主席的四幅书法中三幅分别送给关山月、傅抱石、张正宇各人收藏，另外一幅则存放在中国美术家协会作为档案资料收藏。画上的大印章"江山如此多娇"是由齐燕铭镌刻的。

1959年9月29日晚上，大画《江山如此多娇》装裱完毕，赶在国庆十周年的盛典之前，悬挂在新落成的北京人民大会堂北大厅了。这就是以后毛主席等国家领导人接见外宾合照的地方，也是值得人们怀念和向往的地方。

和傅抱石经过四个多月的共同生活和创作，关山月从傅抱石的身上学到了不少东西，进一步认识了这位益友良师。后来关山月写过一首《念傅公》的律诗，其中有句云："天成独我金陵笔，造化兴师岭表风。翰墨有缘融一体，江山点染意无穷。"

到了1977年毛主席逝世一周年纪念活动时，关山月把他珍藏的毛主席书法《江山如此多娇》捐赠给中共中央办公厅收藏了。现在广州美术学院关山月故居客厅挂的是中共中央办公厅回赠的水印复制品《江山如此多娇》，上面还有"中共中央办公厅复制"的印章，也成为一件具有历史意义的纪念品了。

从北京回来后，1960 年上学期，关山月等老师带领国画系毕业班到湛江堵海工地劳动三个月，返校后与师生们集体创作了反映堵海工程的大型国画作品《向海洋宣战》，画题是关山月书写的。该作品现藏于广州美术学院美术馆。

1960 年，关山月被授予"广东省文教战线社会主义建设先进工作者"称号，赴京出席中国美协第二次代表大会，被选为中国美协常务理事，作品《万古长青》入选"第三届全国美术作品展"，并被中国美术馆收藏。

自从关山月和傅抱石合作《江山如此多娇》大画后，两人的感情更深厚了。完成国家任务后，他们两人还有一个共同的愿望，希望能一同继续再"行万里路"，深入生活，进行创作。两人都想去他们没去过的东北写生，于是他们向北京有关部门提出了申请。1961 年 6 月初，国务院办公厅批准了他们的创作计划，并通知了东北三省的有关领导，给他们出行写生以支持。中央新闻纪录电影制片厂还特地派了一个摄制组随行，拍纪录片。

两位画家是从北京出发的，第一站先到吉林省省会长春，他们主要的目的是攀长白山，观天池湖，他们只肯坐一程汽车，然后徒步前进。见到那海拔 2500 多米，终年积雪的长白山和茂密的原始森林，还有当年抗日联军战士经历的遗迹，他们不时停下来写生。当步行到我国最深的高山湖泊天池前，关山月见到一条大瀑布从天而降，《长白飞瀑》的构图就展示在他眼前。他们在那里画了三个多钟的速写，天快黑了才肯离去。关山月在他的文章《有关中国画创作实践的点滴体会》中写道："我坚信生活是艺术创作唯一的源泉。没有生活依据的创作，等于无米之炊，无源之水。生活的积累，是创作的财富。"

他们在长春逗留了半个多月，画了一大批画，后来，关山月创作了《林海》《枯木逢春》《长白飞瀑》《千山夏日》《长白山麓》《天池林海》《林海雪原》等作品。他们还到延边去，畅游了图们江、牡丹江、镜泊湖，也画了很多写生。

左: 关山月 (右)
与傅抱石 (左)
在写生

右: 关山月在长
白山天池湖畔
写生

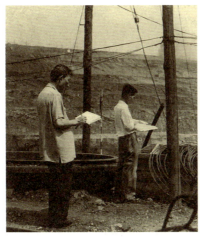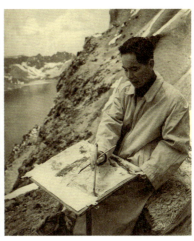

随后又转回沈阳, 再北到哈尔滨, 参观了抚顺煤矿, 关山月感受至深, 创作了《煤都》一画, 他征求傅抱石意见时, 受到傅抱石的称赞: "相当成功!"

关山月和傅抱石东北之行三个多月, 行程四千多里, 游览名山大川, 参观工矿企业, 进行了大量写生, 创作国画作品数十幅。他们举办了观摩会、座谈会十余次, 交流创作经验和心得, 深受大家欢迎和赞誉。回到北京后, 还在中国美术馆举办了"傅抱石、关山月东北写生展", 后来, 辽宁美术出版社还为他们出版了《傅抱石、关山月东北写生画选》, 郭沫若亲自为画集题签。

最后, 中央新闻纪录电影制片厂为此行拍摄和播放了纪录片《画中山水》, 记录了关山月和傅抱石为进行创作而"行万里路"的东北之行。关山月在文章中有记载: "一九六一年六月至九月, 我与抱石兄应邀同到东北旅行写生, 先后访问了吉林、黑龙江及其省会哈尔滨。中央新闻纪录电影制片厂派了摄制组和我们一道到了长白山、镜泊湖, 为我们拍摄了纪录片。" "三四个月来, 我们都画了一批写生画, 并曾在北京展出观摩, 后来由辽宁美术出版社结集出版。"

1961 年年底, 关山月当选广东省文联常委委员、中国美术家协会广东分会副主席、广州美术学院党委委员。

11 月 22 日《人民日报》发表关山月文章《有关中国画基本训练的几个问题》。文中主要论述的是"从画石膏圆球想起、橡皮的'功'与'过'"、"下笔之道与一笔不苟、形似与神似"的几个问题。是针对中国画教学而写的。如文中写道: "中国画的学习过程有这么几个阶段: 即第一步是不似, 第二步是似, 第三步又是不似。第一步的不似是指初学者在造型方面还不能达到准确的程度, 这是难免的现象。从第一步的不似到第二步的似, 必须经过一个艰苦锻炼的过程; 这个似, 是指的形似, 所以第二步还不是艺术上的最终目的, 还有第三步的要求, 即求得形似之外, 还必须有个神似。因此, 第三步的不似, 与第一步的不似有所

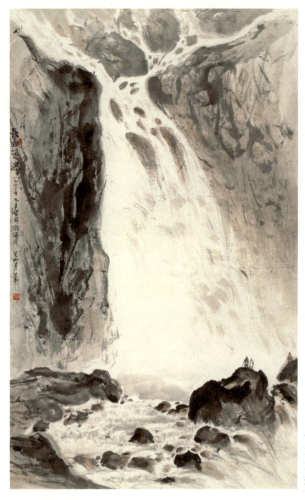

长白飞瀑
1961年
115.8 cm×71.5 cm
关山月美术馆藏

不同。这个不似，是指造型上不必全似，有的地方要省略，有的地方要加工，以期达到形神兼备。"

文中又讲道："我们在教学中最可怕的是一种先入为主的看法，要把它扭转过来是非常吃力的。为什么铅笔、炭笔容易'准'而毛笔不易'准'呢？主要是由于铅笔、炭笔可擦易改，凡不准的可以擦掉，改到准确为止，毛笔之所以难准，原因就在于既不能擦也不好改，不准时只好另起炉灶重画。这样说来，橡皮是有'功'的，但同时也带来了'过'。当然，'过'不能归咎于橡皮本身，理由归咎于使用橡皮的人。"

文中还有很多关山月的体会，如："中国画里经常讲宾与主、虚与实、刚与柔，以及用笔的转折与顿挫、调子的深浅明暗等等，这些对立的统一的手法，都与艺术概括有关，都是构成艺术上的节奏感的最基本的东西。"可以从文章中看出，关山月是很认真对待中国画教学的，他希望能建立中国画教学的新体系，这也是他永久的追求。

八／"文革"前后

1962 年上学期，关山月带学生到潮汕地区写生。8 月赴井冈山、瑞金等地写生。创作《东风》《疾风知劲草》《井冈山下庄》《长征第一山》《瑞鹤图》《纺线图》等作品。

11 月，香港大会堂举办关山月、方人定、黎雄才、叶少秉、苏卧农、陈洞庭、杨之光、何磊等 31 位岭南画派画家作品展。年底，广东省委组织部任命关山月兼任广东画院副院长。关山月还陪同蔡若虹、石鲁、亚明、邵宇到新会参观，作《葵乡瓜果图》。

1963 年 3 月，到汕尾渔港等地写生，创作《汕尾渔家姑娘》《千帆待发》等作品。7 月 5 日，《羊城晚报》发表关山月文章《论中国画的继承问题》，文中写道："正确的继承，是提高艺术质量最重要的途径之一，论传统与遗产，我们中国称得上得天独厚，有足够的理由以此自豪，因为艺术越有民族特点，就越有世界意义。"9 月，响应党中央关于"知识青年上山下乡锻炼"的号召，送应届高中毕业的女儿关怡到中山县国营平沙农场务农，并为此创作《听毛主席的话》一画。该作品参加了 12 月中国美协广东分会在广州主办的"社会主义好美术展览会"，现藏于岭南画派纪念馆。

关山月很喜欢广东粤剧和广东音乐，他是一边听着粤剧唱片或广东音乐一边作画的。在观看粤剧表演艺术家红线女演出的《李香君》后，创作了国画《桃花扇》。

关山月作品《东风》《水果之乡》参加了在北京中国美术馆展出的"广州美术学院师生下乡作品展览"。

1964 年春，与广东画院画家黄新波、方人定、余本等到山西大寨、北岳恒山及雁门关等地写生。创作《满江红》《春到雁门》《雁门关外》等作品。

日本著名美术评论家宫川寅雄访问中国，并到关山月家做客。12 月 21 日，关山月被选为全国人大代表，到北京出席第三届全国人大一次会议。岭南美术出

关山月以女儿为
模特创作的《听
毛主席的话》
（岭南画派纪念
馆藏）

1963 年，关山月创作
《听毛主席的话》

版社出版《关山月作品选集》。

1965 年夏，郭沫若夫妇来广州，关山月作陪。关山月为广东从化温泉宾馆松园一号楼会客厅作大画《毛主席咏梅词意图》。秋天，关山月随广州美术学院的教师干部被派往阳春县春湾公社参加"四清"运动。

1966 年 7 月 26 日，还在农村参加"四清"运动的关山月在不知情的情况下被广州美术学院的"红卫兵"从阳春"请"回学校参加"文化大革命"。关山月与胡一川、杨秋人、王永祥等领导班子成员毫无思想准备地被带进广州美术学院教学大楼前的广场，广场上一阵阵可怕的口号声传来。"打倒走资派胡一川！""打倒反动学术权威关山月！"……随后，关山月等人被粗暴地按低头，双膝跪在地上，手执剪刀的人抓住关山月等人的头发，剪一半留一半，成为"阴阳头"，说是当作"牛鬼蛇神"的标记。然后给他们挂上木制的大牌子，上面写着"走资本主义道路当权派，反动学术权威，反党、反社会主义、反毛泽东思想分子"。接着把他们当作犯人押走，关进设在雕塑室里的"牛棚"。

关山月想，昨天还在春湾公社搞"四清"运动，运动还未结束，今天就变成"文化大革命"，而自己一夜之间就变成"反革命"，完全无法理解，他预感凶多吉少。几个红卫兵"带"关山月去看贴在学院墙上的大字报，要他读"揭发"他的"罪行"，"关山月的五支毒箭"即五幅画：一是《崖梅》，因为梅枝有倒向下的，谐音变成"倒霉"，即攻击社会主义中国"倒霉"。还说那些梅枝线条中隐藏着"反动标语"，其中有"介石"二字，是"反动透顶"。二是《东风》，画面三只燕子逆风而飞，是"反骨毕露"。三是《快马加鞭未下鞍》，红军队伍登上崖头，前面不见有路，是"诅咒红军已临绝境"。四是《李香君》，"大唱亡国之音"。五是《山雨欲来》，画面有一解放军匆匆送信，是"向国民党通风报信"。其实这五条"罪行"是无中生有的歪曲。他还经常被"红卫兵"揪出来

背毛主席语录，背不出或读错了，就要被辱骂或体罚。

有一次，"造反派"突然把关山月和雕塑家潘鹤押到"造反总部"，要潘鹤在半个小时内把关山月的"丑恶"嘴脸塑出来。这还只是恶作剧，关山月最担心的是，随时都有外地"红卫兵"到美院"牛棚"指名道姓要揪他出来斗，除了恶骂外，免不了拳打、脚踢、鞭抽……这里面包括受蒙蔽的学生和少数别有用心的人。显然用刑罚是不对的，但谁也不敢出来主持公道。每到深夜，关山月被批斗后回到家，妻子李秋璜便把门窗关严，替他检查伤痕，她强忍泪水替丈夫涂红药水、搽万花油、贴膏药。有人劝李秋璜与关山月划清界线，要与他离婚。李秋璜坚定地表示，不可能！因为没有谁比她更清楚自己的丈夫了。因为关山月眉心有颗黑痣，这是红卫兵认他的主要特征，后来妻子用胶布把他的那颗黑痣贴住，为了减少伤痛，还缝了一件厚厚的棉背心给他穿上。

负责看管被关在"牛棚"里的"牛鬼蛇神"的工作人员，是经"造反派"严格挑选出来的，要"出身好"、"历史清白"的工人阶级才行。其中有位美院的清洁工张三妹每天要安排"牛鬼蛇神"的工作。有一天，她对关山月大声说："关山月，从今天起你单独干活，现在你跟我来！"她把关山月带到学院后面的学生饭堂旁边，说："以后你每天到这里拌煤，不要乱跑，知道吗？"最初关山月还不理解，很快他就意识到让他单独在这个偏僻角落劳动，外地红卫兵就难找到他了，这就使他少受些斗打，这就是工人阶级的张三妹对关山月的保护措施。还有一位平时在美院专门帮人洗衣熨衣服的临时工邝修民，大家叫他邝伯，也很同情关山月，只要他听到有红卫兵要来揪斗，就想办法通知关山月躲起来。有一次，还把自己的工作服脱下来，让关山月穿上躲藏在他家里。多年后，关山月一家与这些工人成了好朋友，"文革"后，关山月一直在生活上关照他们，直到他们退休返农村后，关山月还每月寄生活费至终。关山月夫

1964年，黄新波（左二）、方人定（左三）、关山月（左四）、余本（左五）在山西晋祠招待所合影

妻感动地说："这才是真正的工人阶级！"

"文革"期间，关山月的家被抄了无数次，一批又一批的"红卫兵"，将家里的财物、书画、用具都抄走了，家被抄得不成家了。最后，全家被赶到足球场附近的一个猪舍里，住在一间又小又脏的房子里，白天除了拉去参加批斗外，晚上还要写检查、交代"问题"。

到了1968年12月，全国的文艺机关、团体、学校都停办了，广州美术学院的全体师生下放到三水县南边的省"五七干校"劳动改造。这里本来是个劳改场，把劳改犯迁走了改为"干校"，有高大的围墙和密实的铁丝网。刚来时，一些女学员吓哭了。而关山月这些被押去的"审查对象"，比"革命群众"更惨，住的是用厕所改成的八平方米牢房，摆了三张有上、中、下铺的床，总共住了九个"重犯"，床头紧贴床尾，没有一点空间，睡在关山月旁边的是患肺结核病的木刻家杨讷维。他们这些"重犯"，干的是最脏、最累、最重的活，清牛粪、挑土筑路、盖房等，还有专人监督，讲"错"一句话就要挨批斗，放牛让牛偷吃了青苗更要被斗，关山月放的一头崩了鼻的牛，也有此遭遇。如果早晚"向毛主席认罪"说得不清楚也要被斗，关山月最想不通的是，给他扣上无中生有的"历史问题"，没完没了的"审查"和"批斗"，好人也变成"坏人"了。

八个月后，终于挨到干校召开千人大会的那天，高教系统的学员全都来了，会场上横额写着："落实对敌斗争政策宣判大会"。宣判对象就是关山月，会场上的口号是："打倒反革命分子关山月！""把无产阶级文化大革命进行到底！"随后，"专案组"读了关山月的"罪状"，给他戴上"反动学术权威""历史反革命分子""走资本主义道路当权派"三顶帽子。判决：敌我矛盾作人民内部矛盾处理并开除党籍。"专案组"要关山月在"审查结论"上签字，关山月坚定地说："对党员的处分应该由党组织决定，群众怎能开除我的党籍？而且公布的材料不

上：关山月在山西

下：1971年，关山月在广
东省三水"五七"干校

确实，我不能签字。"尽管这样，宣判大会后，谁也不敢和他说话了，之后，便只能独自一人去放牛达八个月之久。关山月曾说起当年在三水印象最深的一件事，有一天，他到河边放牛，那头崩了鼻的牛看到对岸绿油油的一大片禾苗，突然下水游过去。他用尽力气也牵扯不住，但是如果不及时将牛追回来，牛就会吃禾苗。他就要挨批斗。在这紧急关头，一位当地农民脱掉衣服游到对岸，帮忙把那头牛牵回来，关山月感激地握住农民的手，连声道谢。此事使关山月永记一辈子。

　　1971年，关山月被调到英德县文艺"五七"干校，随着政策的落实，"敌我矛盾"改为"人民内部矛盾"，并恢复党籍。7月的一天，英德县文艺"五七"干校八连指导员突然来通知关山月："老关，你明天即刻回广州。"已经好几年没有人这样称呼他了，当关山月听到叫他把行李全部搬走时，心里有一阵莫名的激动，他知道自己可以离开"干校"，恢复自由了。

　　关山月回到广州后，才知道原来是日本著名美术评论家、日中文化交流协会负责人宫川寅雄访问中国，他向周恩来总理提出一定要见关山月，于是，关山月才从"五七干校"被"解放"出来。因为"文革"前，宫川来中国访问过几次，都是关山月接待的，已成为好朋友了。在上级部门的安排下，关山月会见了宫川寅雄。之后，关山月被分配到广东省文化局文艺创作室任副主任，8月，他就到海南岛、茂名、罗定等地写生，创作了《南方油城》等作品。总算圆了关山月重新作画的心愿了。

九/《祖国大地》

　　关山月是因为周恩来总理下令才从"干校"解放出来，获得自由，重新有了创作的机会，所以他从心底里感激中国人民的好总理。他开始抓紧一切机会，深入生活，进行创作。

　　1972年3月，关山月与陈金章、陈章绩等到海南岛、阳江闸坡深入生活并写生。作品《林区晨曲》《南方油城》入选"广东美术摄影展"。8月，受外交部委托，关山月到北京和李可染、陶一清、李斛、李苦禅、黄胄等画家为中国驻外使馆作画四个多月。

　　1973年至1974年，关山月创作了《长城内外尽朝晖》和《俏不争春》。因为从"干校"出来不久，思想还有些顾虑，创作梅花的观念就和以前不同了，画面上的红梅是很繁盛和欣欣向上的，当然效果是很好的。《俏不争春》曾刊登于《美术》杂志封面，并被中国美术馆收藏了，还被日本的《读卖新闻》刊登在《世界名画》栏目做介绍。

　　关山月另创作《报春图》，赵朴初先生为该画题了一首长诗。2月，作品《长城内外尽朝晖》《朱砂冲哨口》《春江放筏》参加"广东省国画、版画、连环画展览"。

　　关山月又到电白县南海公社、博贺渔港体验生活一个多月，后还到湛江南三岛和雷州半岛，住在南海公社林带的民兵哨所里，每天爬上虎头山观察林区和海水的变化。他到南三岛画了许多木麻黄的速写，调查了解它的生长规律。这里是防风、防沙、防敌的前线，他想画面要表现生机勃勃、郁郁葱葱的意境，让防风林筑成一道绿色长城。关山月在1983年的文章《我与国画》中写道："为创作《绿色长城》，我先后到过不少地方。一九七一、一九七二年我到了湛江地区的茂名和罗定，也曾到过家乡的闸坡和电白的博贺两个渔港。一九七三、一九七四年，又先后三次到过湛江地区的南海公社和南三岛，前后作了较深入的调查访问，经

报春图
1975年
83 cm×69 cm
私人藏

绿色长城
1974年
143.2 cm×252 cm
中国美术馆藏

过与当地的群众和民兵同志'三同',进行过长期的观察和体验。这幅《绿色长城》与《俏不争春》梅花一道,始终受到广大群众的肯定。这就大大增强了我的创作信心……"

关山月又在《我所走过的艺术道路》中说:"《绿色长城》那幅画,我比较喜欢,因为我产生画这幅画的因素,有今天时代的感情,也有童年时代的思想感情……说来话长,我童年时跟父亲到家乡60里外的一个小墟镇上去念书,其中要走一段几里路的海边沙滩,沙深腿短,走路很辛苦。我当时就想,为什么沙滩不长树呢?要是沙滩都长满了树该多好啊!创作《绿色长城》之前,我回家乡去,真的看到了沙滩上长满了茂密的木麻黄树林,童年时代的愿望在我眼前变成了现实,使我感触很深,使我产生了构思创作《绿色长城》的激情。"

关山月还在《关于画长城的体会》一文中专门谈到《绿色长城》的创作过程。他说:"通过这样三次深入生活,我对表现植树造林的重大意义加深了认识,增强了非画好、画美海边林带不可的信心。我把题目定为《绿色长城》,这座长城既可防沙,又可防风,还可以防敌,这是一道绿色的铜墙铁壁。""这幅画的创作过程并不一帆风顺,走新路困难多,要慎重。这个题材是新课题;创作时不能走老路,虽然老路闭着眼睛都可以走。"关山月运用了颜色的冷暖对比从而产生色相的变化的效果,他采用了不透明的矿物质石绿色把最前的木麻黄分层点染出来,层层加厚的色彩,表现出深沉浓厚的感觉,达到很好的效果,加上一行女民兵的巡逻,确实表现出"铜墙铁壁"的意识。《绿色长城》获得观众的好评,1973年10月入选了"全国连环画、中国画展览",并被中国美术馆收藏。因此,又画了第二幅《绿色长城》,现藏于深圳关山月美术馆。而在1974年4月,应广东迎宾馆之邀,又为宾馆作了一幅更大的《绿色长城》。

1974年3月28日,《人民日报》发表关山月《老兵走新路——谈谈我的创作体会》

长城内外尽朝晖 1974年 142.3 cm×219.4 cm 关山月美术馆藏

一文。5月，关山月到新疆吐鲁番、伊犁等地体验生活，为乌鲁木齐机场创作大画《天山牧歌》，后来又画了一张《天山牧歌》挂在中国驻法国巴黎大使馆。还为驻联合国中国厅创作了《报春图》。创作《红梅卷》，藏于福建集萃园。10月，作品《天山牧歌》《俏不争春》入选"庆祝中华人民共和国成立二十五周年全国美术作品展览"。作品《山村任点装》入选"广东美术作品展览"。

11月，关山月被广东省委任命为广东省文化局副局长，但他表示担当不了如此重任，仍留在广东省文艺创作室工作。年底，外交部派关山月率中国美术代表团访问越南。

1975年1月13日至17日，到北京出席第四届全国人大一次会议，在讨论新

上：1973年，关山月创作《长城内外尽朝晖》

下：1975年5月，关山月创作《油龙出海》

中国成立后第二部宪法时，关山月首次提出，在宪法总纲有关"德、智、体"中加入"美育"，教育广大青少年在"德、智、体、美"方面全面发展。5月在广州创作《油龙出海》《晨炼》等作品。为广东迎宾馆创作《报春图》。到湖南韶山、上海、江浙等地写生。

1976年关山月还被派参加由王炳南率领的中国人民对外友好协会组织的文化代表团赴日本参加日中文化交流协会成立二十五周年的庆祝活动，参观了东京、奈良、大阪、札幌、根宝等地，还专程去写生著名的"卧龙梅"，并拜访了平山郁夫、东山魁夷、宫川寅雄、井上靖等著名画家和评论家。后来又陪同来中国访问的东山魁夷夫妇游览桂林。还在广东人民艺术学院接待新加坡总理李光耀，另又接见美国画家史文森。关山月为国家的外交事业做了不少文化交流的工作，心里是觉得很光荣的。所以，友好协会和侨联的人都笑说关山月是"文化外交家"。

直到1976年10月6日，"四人帮"被粉碎，标志着"文化大革命"的结束。

关山月创作《松梅颂》，上题："1976年10月为庆祝我党伟大的历史胜利而作。"又创作《雨后山更青》，题曰："不平凡的1976年画于珠江南岸。"

11月，与青年画家陈衍宁、林墉等到井冈山深入生活，后共同创作《高路入云端》（《谈笑凯歌还》）。

虽然这一年"文革"结束了，但因为周恩来总理的逝世，"天安门事件"的发生，唐山大地震，到毛泽东主席的逝世，这一连串重大事件发生在同一年，这是我们中国历史上很重要的一年，所以关山月说："这是我们永远不能忘记的一年。"

1977年，关山月接受北京毛主席纪念堂创作任务，与广东美术界的黎雄才、蔡迪支、陈洞庭、陈金章、梁世雄、陈章绩、林丰俗等画家到南昌、庐山、井冈山、娄山关、遵义、延安等地进行写生创作。关山月创作的《革命摇篮井冈山》悬挂于毛主席纪念堂，《井冈山颂》被广东省博物馆收藏。后到黄山写生，又到海南岛尖峰岭林区写生。关山月被文化部评为先进工作者，年底，广东省委组织部宣布关山月兼任广东画院院长。

1978年2月26日至3月5日，关山月到北京出席第五届全国人大一次会议，并当选（第五届全国人大会议）主席团成员。

回来后，与黎雄才到粤北小北江写生。秋天还与黎雄才重访青海，并到龙羊峡水电站工地写生。后在甘肃兰州巧遇老朋友、著名部队作家刘白羽，应邀搭乘兰州军区的专机前往嘉峪关。敦煌艺术馆馆长常书鸿闻讯赶来把他们接到敦煌，不仅重游莫高窟，还在常书鸿家度过了一个难忘的中秋节。后来，关山月夫妇与黎雄才应长江航运管理局之邀进行了长江万里游。为了庆祝广西壮族自治区成立二十周年创作《山高水长》。作品《井冈山》获"广东省美术作品展"二等奖。

1979年，关山月赴京参加中国美协第三次会员代表大会，当选中国美术家协会副主席，接任务为北京人民大会堂广东厅创作国画《春到南粤》。广东人民出版社出版由黄新波写序的《关山月画集》。关山月与黎雄才合作的《岁寒图》，在香港举办的"广东美术作品展览"上售得4万元港币，全部捐给广东省儿童福利会。完成创作《山河在欢笑》（《龙羊峡》）。

1980年2月，作品《山河在欢笑》入选"第四届全国美术作品展"获三等奖，并被中国美术馆收藏。关山月当选广东省文联副主席、广东省美术家协会主席。6月，关山月完成创作《江峡图卷》，由容庚先生书写画题。7月，与广东画院画

1979 年，关山月在谈论他创作的《江峡图卷》草图

家到肇庆鼎湖山写生，住庆云寺，创作《鼎湖组画》（现藏于广州艺术博物院）。8 月 30 日至 9 月 10 日赴北京出席第五届全国人大三次会议，为中国军事博物馆作大画《迎客松》。9 月返家乡阳江参加阳江文代会。10 月北京中国美术馆举办"关山月画展"。12 月，"关山月画展"移到湖南长沙展出，关山月在座谈会上作《我所走过的艺术道路》的讲话。其中说道："源是指生活，流是指传统。无源之水不行，割断传统白手成家，自己包打天下也不行。""对于传统技法，有用、有营养的东西就吸收，无用的东西就弃掉。如果有生活，又有传统技法的基础上，加上努力实践，我们就能创作出新的，不愧于时代的艺术作品来。"这些都是关山月的创作心得，给大家作了一场很有教育意义的讲座。

1981 年 1 月 11 日至 20 日，由中国美协广东分会、广东画院、广州文化公园联合主办的"关山月画展"在广州文化公园展出。3 月，关山月与黎雄才在香港展出合作画《松梅图》，获稿酬 3.6 万元港币，全部捐赠给广州市儿童福利会。

4 月，"关山月画展"在四川成都展出，展览期间，带妻子李秋璜，助手关怡、关伟重游青城山、峨眉山。5 月，关山月被香港中文大学聘为学位考试委员会校外委员，并应邀赴港参加评委工作。在港期间，与台湾老画家黄君璧先生会面并交换作品。此外，关山月作品《红梅》为香港培侨中学义卖得 60 万元港币，全部捐给该校。后又赴澳门访问，与昔日春睡画院的同学、画友关万里、黄蕴玉、谭允猷，学生朱锴，师兄司徒奇的学生、澳门颐园书画会会长崔德祺先生等人欢聚于当年关山月曾住过两年的普济禅院。他还特地为已去世的慧因和尚写了一首诗，刻在慧因墓的座基上。诗云："逃奔国难痛难忘，得佛奇缘庇客床。两载禅灯齐弄墨，亦师亦友亦同窗。"

6 月至 7 月间，同广东画院全体创作人员住在南湖进行创作活动，关山月创作的《长河颂》和《风雨千秋泰岳松》参加全国美术作品展，《长河颂》获"广

长河颂 1981年 82 cm×142 cm 关山月美术馆藏

东省美术作品展"二等奖。9月，应邀为新加坡中国银行创作大画《江南塞北天边雁》。关山月在谈创作感悟时写道："像创制《风雨千秋泰岳松》这样主题重大的巨画作，则应首先求势，而求质，也不过是为了更好地写势而已。""最近为新加坡的中国银行画了幅《江南塞北天边雁》……'意在笔先'、'笔墨当随时代'是我在创作上遵循的法则，此外，还不能忘记国画姓'国'。笔下既要有充分的客观和具象的生活依据，同时还要有浪漫的、意象的主观创作和探索精神。否则就不易产生有艺术感染力的作品。"11月30日至12月13日，赴京参加第五届全国人大四次会议。关山月被北京中国画研究院聘为院务委员。

1982年是中日邦交十周年，10月5日至25日，国家委派关山月和夫人李秋璜赴日本访问，并由日中友好协会和朝日新闻社在日本东京高岛屋画廊举办"中国画坛的巨匠——关山月画展"。中国驻日本大使宋之光夫妇，日本著名画家、评论家平山郁夫和宫川寅雄、有光次郎等出席开幕式，日方为画展出版了《关山月画展》画册。《朝日新闻》发表平山郁夫评论："在关山月的画室，我看他为我作画，只见他握笔在手，屏神静息面对宣纸，疾然下笔，一点一线一丝不苟，似乎把整个身心都倾注到画面上去了。身材不高的关先生，在画面上表现出来的力量和气魄是惊人的。俗语说：'是人格的再现'，优秀的绘画和出色的人格是分不开的，关先生的画也表现了他为人的风格。"

11月26日至12月10日，关山月到北京出席第五届全国人大五次会议，其间接受新加坡刘奇俊先生的采访，关山月谈到自己的创作计划时说："我的计划，就是将集中精神致力于《祖国大地》组画。我已经完成了第一幅《长河颂》，这是为了说明中国历史的长河尽管是曲折的，但他宽广坦荡，一泻千里，永垂千古。

1979年8月，关山月夫妇与孙儿关坚在《春到南粤》的创作草图前合影

1979年夏，关山月为人民大会堂广东厅创作《春到南粤》

第二幅是创作一幅悬挂在新加坡中国银行的高达五米的大型山水画《江南塞北天边雁》，我是采用浪漫主义和现实主义的手法，以榕树、红棉、长城、雪山为画面，中间再以江河和大雁贯穿，使得整幅画达到和谐和统一。总之，今后我要争取时间，每年画一幅《祖国大地》的组画，活十年，画十幅，活几十年，就多画几十幅，我希望能为中国的国画艺术，多发一份光与热。"这段话发表在1983年3月10日，新加坡《南洋商报》刘奇俊所写的《关山月的近况》。10年后，关山月还在《我的自白》一文中写道："人总是要老的，这是不可逃避的客观规律；但我愿借助苦中有乐的艺术实践来保持或充实我的艺术青春，并希望多活几年，能多画几幅《祖国大地》组画的作品。"

新年前夕，关山月在印有自己的作品《红白梅》的贺年卡上亲笔写上"大千前辈万福，艺术生命长寿"12个字，托美国德州休斯顿贝勒医学院眼科教授、广州中山医学院客座教授，喜爱绘画的林文杰先生带去台湾，代他向张大千老先生拜年。

到了1983年3月2日，日本报刊《读卖新闻》在《世界名画》栏目中整版发表关山月作品《俏不争春》，并做文字介绍。这对关山月是一个很大的鼓舞。

3月23日，新加坡中国银行为关山月作品《江南塞北天边雁》举办观赏酒会。著名作家秦牧曾在《关山月的生活和艺术道路》一文中写道："我特别喜爱他画的层峦叠嶂、气象雄浑的佳作，看那些高山大岭，峻峭幽深，万木竞秀，烟霭茫茫，集雄奇与秀丽，壮阔与细腻于一体的画幅，不仅使人宛如亲临其境，感到胸怀大舒，是一种高度的美的享受，而且也是一种精神的激动。"6月6日至21日，关山月赴京出席第六届全国人大一次会议，当选（第六届全国人大会议）主席团成员。

龙羊峡 1979年 153 cm×130 cm 广东美术馆藏

十/ 真实记录

1980 年 5 月底，应香港集古斋和美术家杂志社之邀，关山月夫妇与黎雄才夫妇、余本自"文革"后，首次访问香港。6 月 1 日，他们安排了一次在九龙太子道附近的庆相逢酒楼与香港画家赵少昂、杨善深等师兄弟们的聚会，出席这次聚会的还有高剑父夫人翁芝和儿子高励节。席间商议举办"赵少昂、黎雄才、关山月、杨善深四人合作画展"，而关山月、黎雄才住在广州，赵少昂、杨善深则住香港，很难集中在一起完成合作画。关山月提出："先在这里合作画一批，等我们回广州后互画、互寄、互补吧。"这时，在座的新华社香港分社宣传部部长杨奇就主动提出充当"交通员"，并表示担保万无一失，使合作画用相互交换的形式完成。四人合作画就从这时开始了，通过三年时间的两地几经传递、辗转交换作画，才完成一批四人合作画，共 100 幅。

1981 年 5 月，关山月夫妇到香港九龙粉岭拜谒高剑父老师墓，献上鲜花，行了三个鞠躬礼，后又感慨地说："往事永远不能忘怀，老师就是我的恩师。"在港期间，关山月夫妇还去探望了台湾老画友黄君璧。他们在一起回忆 40 多年前，关山月入川后不久就认识了在重庆璧山国立艺专做教授的黄君璧。黄君璧住在他的学生王商一家里，关山月也曾住在王家，与黄君璧共同生活过一段时间。但新中国成立后黄君璧去了台湾，失去了联系，几十年后的今天能会面，真是难得。他们就在香港互相交换了作品做纪念，他们心中都有着一个共同的愿望，能早日让海峡两岸互通文化交流就好了。

1983 年 3 月 12 日，关山月夫妇和黎雄才夫妇再次应邀赴香港参加"赵少昂、黎雄才、关山月、杨善深四人合作画展"在香港大学冯平山博物馆的开幕式，展览在香港十分轰动。四人合作画展在香港结束后，新加坡美术评论家刘奇俊亲自将该展览带去新加坡国家博物馆展出，后又转到美国三藩市中华文化中心展出，大受观众的欢迎和称赞。评论家们称作品"浑然一体，天衣无缝"。

1987年2月在广东画院举办"赵少昂、黎雄才、关山月、杨善深合作画展",10月又在北京中国美术馆展出,同期,关山月被选为中国共产党十三大的代表,并赴京出席会议。关山月为北京人民大会堂东大厅作巨幅国画《国香赞》(260cm×620cm)。12月3日参加岭南画派纪念馆奠基典礼,"赵少昂、黎雄才、关山月、杨善深合作画"获广东省鲁迅文艺奖特别奖,四位画家把4000元的奖金全部捐赠给岭南画派纪念馆基金会。岭南美术出版社还出版了《赵少昂、黎雄才、关山月、杨善深合作画选》。1988年8月,"赵少昂、黎雄才、关山月、杨善深合作画展"在台北市隔山画馆展出。关山月、赵少昂、黎雄才、杨善深合作《梅竹松》,赠贺《广东画报》创刊30周年。

上:关山月(右)与任仲夷同志亲切交谈
中:1981年5月,关山月赴香港中文大学参加学位评定工作,并探访台湾老画友黄君璧(左)
下:1987年,右起:关山月、赵少昂、黎雄才、杨善深在香港合作画前留影后来在1991年，四位画家把这批合作画101幅，无偿捐赠给刚落成的岭南画派纪念馆收藏并展出。

关山月为了能在广州美术学院内建成一座由著名建筑师莫伯治设计的岭南画派纪念馆，带头捐出自己的画作，呼吁各方捐款。香港有一位企业家指名提出要获得关山月的《春》《夏》《秋》《冬》四幅梅花作品，关山月只好割爱捐出画作，这位企业家就一次性捐给岭南画派纪念馆建设费100万元港币。在关山月和黎雄才等合力捐赠下，先后促成在广州建成和修复了岭南画派纪念馆、高剑父纪念馆、陈树人纪念馆、十香园等纪念地。

另外，在林文杰教授的牵线下，关山月与美国的林文杰、香港的赵少昂、台湾的张大千完成了一幅四地画家的合作画。关山月在《悼张大千先生》诗的注释中写道："美国休斯顿贝勒医学院林文杰教授，是一位业余画家，他曾用一张四尺宣纸，先自己画了几笔春兰，赵少昂在其上写了一竿翠竹。一九八三年一月林赴台北访问张大千，大千看了合作画，便高兴地添上寿石和灵芝，最后由我于今年三月访问香港时以墨梅补成。画中的寿石与灵芝，可能是大千最后遗墨。"《人民画报》第四期发表了关山月与张大千、赵少昂、林文杰的合作画《梅兰竹芝》以及关山月诗作《悼张大千先生》。

关山月回忆说："那个时候生活很艰苦，要以画养画，生活就靠卖画来支持，所以当时我开画展的时候，张大千很早就来了，首先问我，哪幅画最贵，他就把最贵的买下来。结果就支持了我的展览……"张大千先生后来定居台湾，关山月虽思念故友，却苦于无机会相见。他又说："遗憾的是，张大千先生还未及看到这幅画的完成就不幸作古。"关山月闻噩耗悲痛不已，挥笔写下"夙结敦煌缘，新图两地牵，寿芝天妒美，隔岸哭张爰"。

1989年，珠江电影制片厂电视部想拍一部反映关山月艺术成就的电视纪录片，这个任务交给了著名导演王为一。关山月和王为一本来就是艺坛上的好友，所以关山月很高兴地答应了。

王为一受关山月在"关山月近作展"自写的前言《我的画与话》的启发，就将纪录片的题目定为"关山月的画与话"。他决定让关山月用自己的话来讲自己的画，这再好不过了。

关山月希望由王为一采访他，同龄老朋友，说话更随意。王为一就把纪录片的结构定为：导演拿已经拍好的有关关山月的录像资料到关老家来放给他看，两人边看边谈，摄像机就真实记录了他们的谈话。最后再组编成片子。用王为一的话来说："也许这是前所未有的形式，可以说，这是一部仅有的结构设计而无具体剧本摄制成的纪录片。"

王为一在《大画家竟如此可亲可爱》一文中写道："关老的说话是片子的主要组成部分，可喜可贵的是关老在镜头前如此的松弛，从容不迫。且意情并茂，谈笑风生，把艺术理论深入浅出地使一般观众听来都能理解而感兴趣。真正做到了雅俗共赏。这也是我们制作这部片子的愿望。把祖国的传统艺术能超越各种界限弘扬光大，而能普遍地为人民所接受。"纪录片拍了"关山月近作展"的大部分作品，还有关山月为北京人民大会堂创作的几幅作品和为天安门城楼中央大厅创作的巨幅作品，及中国美术馆收藏的他的作品等。还记录了关山月和广东画院的画家们去萝岗赏梅写生的情景，还有关山月示范中国画表现风、雨、雪的技法，同时介绍了中国画的工具笔、墨、色、纸的功能。

王为一为拍此纪录片，作了笔记："……想请他在镜头前画一幅画作示范，相信观众一定感兴趣的。关老答应了，我问他画张什么画？他说他要考虑一下，明天告诉我。第二天他见到我，说：'我想画三幅画。'我一听就说：'画三张太费时间了……'关老马上截住我的话说：'我可以画三幅小一点的，主要想表现一下中国画的特点。中国画主要表现画的意境，而不是写实。我想用三张画来表现三种自然现象，如：风、雨、雪，中国画和西洋画的表现方式是截然不同的。'我听了后觉得这很有意义，便赞同了。"

"关老说：'无风不起浪。'首先画'风'，他画了海岸掀起了浪花，海边的树都顺着风势倒向一边，这已经明显地画出风的存在了，但这还不够，空中出现了几只小鸟，它们都跟海浪和树相反的方向飞的，关老说：'鸟类都是逆风而飞的。'这样，画面上没有一笔是直接画风的，但风却强烈地使人感受到了。第二幅画'雪'，关老说：'西洋画上的雪都是用白颜色涂在物体上，街道和屋顶都画上白色的雪，而且还在空中飘着点点雪花。但中国画都是把空纸本色的白在画面上留出来。'关老画的是一枝雪中的梅花，花和树枝上满是雪，但没有用一点白的颜色，全是在花上和树枝上留出宣纸的白，衬出点点红梅和露而不显的树枝，意境都是非常的美。第三幅是'雨'，关老画的是雨中竹，他用浸满了水分的画笔画上几枝湿淋淋的嫩竹，添上几枝垂水欲滴的竹叶，地上泥水流淌，这已经使人感到人在细雨蒙蒙的竹林里了。"

"关老把画好的风、雪、雨三幅画并挂着向我解释中西画的不同表现方法。最后问我喜欢哪一张，我知道关老想送我一张画，我认为画风和雪的画我都见过，只有画雨的画难得一见，就表示要那张画雨的，关老一笑，便在'雨'的画上题款，送了给我。"这也表达了关山月对老朋友王为一的友谊和谢意。

1990 年，电视纪录片《关山月的画与话》（两集）完成制作问世后，反响很好，使观众能从片中领悟到关山月一生执着追求的"笔墨当随时代"的艺术生涯。这就是王为一导演和摄制组的最终目的，美术界都很感谢他们为后人留下这些珍贵资料——真实记录。

关山月的艺术创作离不开行万里路、采风、写生。他常说："不动便没有画。"

到晚年八十岁，他还向组织提出要去西沙群岛采风和慰问驻军部队。经过多方研究，部队终于同意安排他前往的行程。

1992年3月3日，关山月带着助手关怡和青年画家邓子敬、邓子芳、蔡于良一行五人，由部队安排，乘坐海军直升机到达西沙上空，飞机专门低飞绕西沙群岛上空一圈，让画家们多拍些照片留作画画参考用。中午到达永兴岛机场，西沙驻军的司令、政委、主任早已等待在机场，关山月激动地说："感谢你们！使我的西沙梦成为西沙行，十年的夙愿终于实现了！"

主任告诉大家，永兴岛气温高达49摄氏度，岛上的井水也是咸的，不能食用，淡水靠大陆每隔半个月或一个月用船运来，战士们种的菜地，也要靠大家从大陆运来一袋袋、一包包的泥土堆成。岛上的强台风会把篮球架吹上天空，曾有两位战士值班放哨时，被台风卷走而牺牲。战士们全凭着深厚的爱国精神，坚守在这神圣的领土上。关山月等人深深被他们感动着。在西沙逗留期间，部队除了安排画家们参观、写生外，还举办了一场看望驻岛子弟兵的慰问仪式，张政委代表西沙驻军部队对全国人大代表、著名画家关山月一行来西沙慰问子弟兵表示感谢。他说："关老是迄今为止来西沙人士中年纪最大，又是知名度最高的画家，这将永远激励着西沙军民。"接着，关山月给部队赠送他亲自书写的对联："雄风安海岛，一柱定南疆。"其他画家们也赠送了自己的作品和画册。随后，关山月讲了话，说："我代表祖国人民向你们表示慰问和感谢。这次我们的到来，除了是向子弟兵学习外，我们是在纪念毛主席《在延安文艺座谈会上的讲话》发表50周年之际来的。我们是人民的文艺工作者，我们要创作有中国特色的作品，我今年八十岁了，我有一个《祖国大地》组画的创作计划，我们伟大祖国的大江南北、长城内外，我都去过并画过，唯独祖国南海的西沙未来过，所以这次来西沙深入生活，要把美丽的宝岛和伟大的南海收入《祖国大地》的画卷里。"

云龙卧海疆（局部）　1992年　69.5 cm×734.5 cm　关山月美术馆藏

　　部队还安排关山月一行在永兴岛上的"将军林"种植了一棵红椰苗，作为纪念树。六天的西沙生活非常丰富，因为在这里见到、听到的都是新鲜感人的事物，关山月认为总有画不完的画和写不完的诗。

　　在西沙最后的日子里，关山月还写下了四首《西沙吟》的诗。

西沙吟（四首）

其一

土生土长土有缘，出生地利长南边。忠良史册光日月，贤哲经文亮苍天。

川远山高多圣迹，地灵人杰有流源。丹青力搜山川美，梦补西沙足旧篇。

其二

为谱山河师造化，西沙凤愿久情赊。尖峰岭上看绿浪，海角天高望碧涯。

野鹿回头穷去路，孤鸥展翅入朝霞。老年尚健动情笔，探胜难忘岛上花。

其三

年方八十接猴年，回首征途似逝川。潮汕特区开眼界，西沙国土探疆边。

壮观澎湃海门浪，远望苍穹南亚天。领海为题留笔迹，南航群岛搜新篇。

其四

椰风晨起百花香，三亚南飞追太阳。碧浪云端摄奥秘，隆声机下接海洋。

欢呼砥柱安领土，致敬英雄定南疆。八十奇缘还凤愿，天高海阔任翱翔。

　　关山月回到广州后，创作了反映西沙题材的作品《云龙卧海疆》，现藏于深圳市关山月美术馆。

十一/ 无私奉献

1982 年，关山月应邀为"中日邦交正常化十周年"纪念活动创作《梅花》作品，由中国邮政发行面值 8 分的纪念邮票 918 万枚。这是他唯独的一次专门为中国纪念邮票作画。后来还有集邮家收藏了整版的《梅花》纪念邮票，并拿来让关山月签名，作为收藏品。在多次大型纪念活动中，还成为珍贵的藏品出现在展览上。

20 世纪 80 年代，正是中国与世界友好国家进行文化交流的兴旺时期，广东省人民政府华侨事务办公室、广东省人民政府对外事务办公室、中国人民对外友好协会等单位经常安排外国的文化代表团来广州美术学院拜会关山月，参观关山月的画室并观其作画，成为中外文化交流的一个项目。有一次是日本文化代表团来关山月家做客，来访的外宾有二十多人，由于客厅太小，很多人要排队坐到屋外的小板凳等候，这种"接待不周"的场面惊动了省委领导，后来省委、省政府讨论，鉴于关山月对国家有所贡献，在海内外有一定的影响，也为了对外文化交流的需要，决定出资、出设计图、出工程队，由一个副省长全程督办，在广州美术学院西南角建起一栋两层半的小楼，这样更方便关山月进行创作和接待外宾。

1983 年，关山月从北京开全国人大会议回来后，住进了新居，他还亲笔写下"隔山书舍"四个字，由朋友刻成牌匾，挂在门口，从此，小楼有了自己的称谓。因为岭南画派鼻祖居廉的住址就在附近的隔山村，居廉号隔山老人。"隔山书舍"有纪念和致敬的意味。

关山月作品《鼎湖组画》获"广东省鲁迅文艺奖"一等奖，他把奖金 1000 元转赠家乡阳江关村小学。而且每年"六一"儿童节，还要汇款给关村小学买节日礼物，他成了深受师生们爱戴的"关爷爷"，老师组织学生们写作文、写信给"亲爱的关山月爷爷"，关爷爷对孩子们的关怀，使孩子们更努力地学习，为学校的教育工作起到了很大的推动作用。

初秋，关山月带助手关怡、关伟等赴海南岛尖峰岭写生，在林区住了三个星期，

左：1992年3月，关山月在西沙群岛采风　右：1983年12月，关山月在海南岛尖峰岭写生

尖峰岭山路地面上有很多会吸血的山蚂蟥，它们躲藏在枯黄的落叶下面，只要你一揭开枯叶，下面就有成千上万的山蚂蟥爬出来，很可怕。另外，这原始森林的古树木上随时会掉下很多山蚂蟥，时而落在人们的头上、手上、身上，见到的是一条条小虫在弹跳着行走，还用吸盘吸在人的皮肤上吸血，费很大力才能把它们拉扯下来。总之，见到它们就全身发抖。但关山月不管那么多了，他集中精神在写生，旁边的人还要经常帮他"捉虫"，他竟然风趣地说："帮我减肥吧！"又说，"只要我能画到画，让它们多咬几口也值得。"而年轻的助手，却被吓得手忙脚乱，经常发出惊叫的声音，当地人说，你们一叫，惊动了山蚂蟥，全部就出动了，更可怕。后来，大家也慢慢地适应了这个环境，尽量找寻避开山蚂蟥的地方和办法。用关山月的话来讲："一切为了画好画。"一个月后离开海南岛，回到广州，关山月创作了《碧浪涌南天》等作品，还作诗《三访海南岛即兴（九首）》，这次海南之行收获甚大。

关山月作品《碧浪涌南天》参加"第六届全国美术作品展览"获荣誉奖，并被中国美术馆收藏。关山月在《从〈碧浪涌南天〉的创作谈起》一文中写道："我习画已半世纪多，只能说，七十岁前都是打基础的时期。我一直以为，所谓基本功，首先应包括它的基本思想。在我七十岁前后致力于《祖国大地》组画的创作，数易其稿——对于中国画来说，就是反复画几幅，达到自己之所追求为止——如《绿色长城》画过三幅，《龙羊峡》画过四幅，《长河颂》画过三幅，最近三访海南归来的《碧浪涌南天》也画过三幅。"

10月6日到12月1日，关山月和夫人李秋璜应美国贝勒大学、德州大学、纽约市立大学、哈佛大学和柏克莱大学的邀请，赴美国讲学，同行的还有香港画家杨善深等。在纽约市立大学作《岭南画派的绘画艺术特点》的幻灯片讲座。在柏克莱大学讲学时，关山月和杨善深为该校合作了一幅《松梅图》。关山月被贝勒大学聘为名誉教授。访美期间，他们先观游大峡谷，后到了西海岸的约瑟胜地，这里有国家公园，壮观的森林、瀑布、雪山。在红木森林区，见到千年红木古树，树身有个大洞还可以开汽车通过。关山月在这里画了不少速写。还到太平洋岸边的"17哩"风景区，去寻找张大千生前在这里建的别墅"环筚庵"，虽然未能找到，但关山月在途中写了一首诗，怀念故友，诗曰："此翁惯作行僧径，今吊遗庵一惘然。郁郁松林千岁古，太平洋浪复年年。"回国后，关山月第一次创作了反映美国风景的作品《初雪》和《太平洋彼岸》。

1985年，广东省委任命关山月为广东画院院长。赴北京出席第六届全国人大三次会议。又到济南参加中国美术家协会第四次会员代表大会，被选为中国美术家协会副主席。

关山月夫妇和黎雄才夫妇应邀赴澳大利亚悉尼美术馆举办"关山月、黎雄才画展"，深受澳大利亚美术界及民众的称赞，后又参加广州诗社代表团赴泰国和新加坡访问。

9月，关山月到南京参加傅抱石逝世二十周年纪念活动，并在会上作《难忘的友谊、难得的同行》的发言。回忆与傅抱石在1959年、1961年两次难得的共事机会。特别是为北京人民大会堂合作《江山如此多娇》巨幅画的过程，称其为"一次愉快的合作"，"志同道合、亦师亦友"。

关山月还到深圳参加"深圳美术节"活动，大会上作《立足本国，面向世界——在首届深圳美术节上的发言》的发言。其中说道："艺术作品是时代的产物，是生活的反映，时代不断地发展，生活不断地变化，思想也必然跟随着起变化，思想变了，笔墨一定要变。石涛说的'笔墨当随时代'就是这个道理。"

10月11日，关山月参加广州美术学院岭南画派研究室为纪念高剑父老师106周岁诞辰而举行的纪念活动。在会上作《中国画革新的先驱——纪念高剑父老师

106 周岁诞辰》的发言，并口占一首《高师赞》。

1986 年 5 月，关山月赴香港参加香港中文大学主办的"当代中国绘画研究会"，并作《试论岭南画派和中国画的创新》的发言，全文刊登于香港《大公报》。

关山月在该文中写道："关于'岭南画派'这个名称，并不是哪个岭南画家自封的，而是在历史发展过程中，由群众创造的。""高剑父先生受了孙中山先生民主革命思想的影响和辛亥革命火热斗争的洗礼，于是立志对固有的旧中国画进行革新。他和陈树人、高奇峰先生以异军突起之势，揭起新国画的旗帜，以自己的天才工力和崭新的画风，给当时画坛以耳目一新的印象，时人为表示敬仰，称他们为'岭南三杰'。后来'岭南画派'这个名称，也就约定俗成地保留下来了。而当时高、陈诸先生对'岭南画派'这个称号，并不满意，因为它带有狭窄的地域性，容易使人误解为只是地区性的画家团体。更主要的，它没能体现出吸收外来营养后使传统艺术发扬光大的革新国画的理想。所以高剑父先生从来没有用过'岭南画派'这一名称，而宁可自称是'折衷派'。在他心目中，'折衷'这个用语，也并非为贬义的，只谓博采众长，合于一身而已。但长期以来，人们习惯于接受'岭南画派'这个名称，而且它已经造成广泛的影响，所以这个名称也就被写进了现代美术史册了。""长期以来，大家对岭南画派在艺术表现方面的特点，做过种种归纳。其中，'折衷中外，融合古今'八个字，是提得最多的，确实这也是岭南画派最重要的主张。"应该说这篇文章，是关山月对岭南画派追求的道路的总结。

9 月，关山月偕夫人李秋璜和助手关怡、关伟应邀到新加坡访问。由新加坡国家博物馆、新加坡中华书学协会联合主办的"关山月教授画展"在新加坡国家博物馆展出，展出关山月作品 70 幅，并出版《关山月画选》。

关山月在《关于画梅》一文中写道："所谓画梅须同梅性情，写梅须具梅骨气。""古人有自称'梅癫'、'梅痴'或'梅仙'者,我却最喜欢'梅花香自苦寒来'这性格,它激励我自强不息,故我也把梅花看成良师益友而称之为'梅师'或'梅友'。"这就是关山月对梅花的热爱和见解。

关山月为"周恩来百年诞辰纪念展"献画《雪梅图》,并题词:"清香铁骨梅精神,雪里开花来报春"。

1987年6月1日晚,中国美协理论委员会副主任刘曦林,采访了关山月,谈到岭南画派,关山月说:"岭南画派不是自称的,但是却形成了一个体系,也有口号,就是搞新中国画。岭南画派是时代的产物,高剑父从小参加革命,后来不愿做官,要搞艺术,把革命理论贯彻到其中来,主张画现代的、生活的东西,反对抄袭前人的。"同日,为广州市少年宫成立35周年赠画《红土壮新苗》。

1988年春节期间,广州美术学院雕塑家潘鹤教授为关山月塑像。关山月书"欲穷千里目,更上一层楼"贺赠广州美术学院35周年校庆。3月25日至4月13日到北京出席第七届全国人大一次会议,并当选(第七届全国人大会议)主席团成员。5月,与广东画院画家到广东省龙门县南昆山写生,回来后创作《在山泉水清》。作《春竹》贺《南方日报》创刊40周年。

10月7日至27日,广东画院举办"关山月近作展",展出了20世纪80年代以来的作品80余件。关山月自写前言《我的画与话》。

1989年3月20日至4月4日,关山月到北京参加第七届全国人大二次会议。为迎接新中国成立40周年,关山月应邀作大画《大地回春》,悬挂在北京天安门城楼中央大厅,并到北京天安门参加国庆活动。

70岁后的关山月,仍然是个"多产"的画家,连续创作了长卷《乡土情》《榕荫曲》《巨榕红棉赞》等,还为陈李济药厂成立390周年赠贺画《古木逢春》。都是表现对岭南乡土的歌颂,怪不得徐悲鸿先生称他是"巨榕红棉乡人"。

1990 年 3 月，广东省委组织部任命关山月担任广东画院名誉院长，王玉珏任代理院长。当月，还到北京出席第七届全国人大三次会议。

8 月，关山月和陈章绩等到广东省阳春县写生，并为阳春县人民政府作大画《梅花香自苦寒来》。因为阳春是属阳江管辖的，关山月视之为家乡的一部分。20 世纪 60 年代，关山月还被派到阳春参加"四清"运动，对充满感情的地方，他就会留下宝墨。这幅作品还有一段离奇的经历，《梅花香自苦寒来》是一张非常吸引人的水墨画，挂在县人民政府大厅，在一次春节的前夜，鞭炮声中，值班人员到门口感受热闹的过年气氛，回来后发现墙上的大画不见了，立即报警，多年来此案"石沉大海"，直到十多年后才查出盗画者是当年这里的知青，因去澳门赌钱赊账，就回来县政府偷了这张画去抵债，几经周转后有人拿去拍卖行拍卖，拍卖行经理一见有公家上款，就报警了。公安局带该画给关山月家属鉴定，陈章绩一看就知道这是他当年与关山月一起创作的。十多年后，关山月不在了，画却回来了，也是值得庆幸的事。关山月的画终于回到"家"了，办案人员还同陈章绩夫妇共进晚餐，回忆办案的艰辛和离奇，大家都说："该是你的就是你的，不是你的就不能要。"关山月家人很感激公安人员的辛勤劳动。

10 月 26 日至 12 月 10 日，关山月和夫人李秋璜、女儿关怡应邀赴美国三藩市参加南海艺术中心落成典礼活动，赠送作品《红梅图》，悬挂在艺术中心大厅。后又至加州风景区和尼亚加拉大瀑布写生。年底，关山月将自己的稿费捐给广州美术学院设立"关山月中国画教学基金"，用来奖励在中国画教学上有成就者。

1991 年 3 月 25 日—4 月 9 日，关山月到北京出席第七届全国人大四次会议。5 月，与夫人李秋璜应邀到美国纽约参加由中国美术家协会和纽约东方画廊联合主办的"关山月旅美写生画展"，展出 29 件书画作品，并由纽约东方文化事业公司出版《关山月旅美写生画集》。展览结束后，关山月将个人所得的收入 30 余万

漂游伴水声 1993年 134 cm×306 cm 关山月美术馆藏

元全部捐献给由中国美术家协会设立的"关山月中国画创作奖励基金"。刘大为等画家首次获得此项奖项。获奖者说这个奖项对他们今后的艺术道路起了很大的推动和鼓励作用。

6月8日，岭南画派纪念馆在广州美术学院落成，关山月在落成典礼上作《鼎新革故、继往开来》的发言，并献诗一首："鼎新革故帜鲜明，继往开来担不轻。火炬点燃光大地，弘扬文化照前程。"岭南画派纪念馆的落成，完成了关山月的一大心愿，他对从海外回来参加典礼的画友们说："这就是你们的家，希望你们常回来看看，多回来举办画展及交流……"

6月23日至8月30日，台湾省立美术馆举办"关山月八十回顾展"，并出版《关山月八十回顾展》画册。河南美术出版社出版《关山月论画》一书。蔡若虹在该书序中写道："一个诚实的、态度严肃的艺术家，一个勇于实践的艺术家——这是画家关山月给我的第一印象。""我认为关山月最显著的优点之一，是他从来不厚古薄今。他执着于写生，执着于'行万里路'，执着于描绘新生事物……"

为资助华东地区遭受百年未遇水灾的灾区人民，关山月将国内义卖两幅作品

所得人民币 50 万元和在香港义卖《梅花图》所得港币 35 万元全部捐赠灾区人民。被评为广东省劳动模范。

关山月同家人赴广西南宁参加"黄云书法展"开幕式，并重游漓江，回来后创作长卷《漓江百里春》。关山月说，他在 1941 年创作的《漓江百里图》，那是烽火战乱中的漓江，所以是焦黄色的调子。而在 50 年后的今天，又创作了《漓江百里春》，这是新中国成立后，新面貌、新气象的漓江，创作的心情也不一样，所以画面的表现和色彩都是欣欣向荣的。

10 月 30 日，由广东省文联、广东省美协、广东画院、广州美术学院、岭南画派纪念馆、岭南美术出版社在广州联合举办"关山月从艺 60 周年学术研讨会"，并出版《万里行踪——关山月写生选集第一辑·革命胜地》。香港翰墨轩出版《关山月临摹敦煌壁画》画集。

12 月，关山月与黎雄才、陈金章、梁世雄、陈章绩、周彦生应邀赴新加坡河畔艺术中心举办"中国岭南画派六人画展"并进行写生和讲学交流活动。

1992 年 3 月 20 日至 4 月 3 日，到北京参加第七届全国人大五次会议。"六一"

红棉报春图 1999 年 175.4 cm×137.9 cm 私人藏

儿童节，赠画《报春图》给广州市少年宫。重阳佳节，偕妻子、女儿、女婿重返故乡阳江参加风筝节活动。同时，"关山月、黄云、苏天赐美术书法展览"在阳江开幕，并出版《关山月、黄云、苏天赐书画选》。关山月作诗《还乡吟》："饮水思源系故乡，童年旧梦线牵长。还来重阳四方客，为赛风筝耀漠阳。"又为家乡那蓬村营理区综合楼落成志庆题写贺词："树有根，水有源，难忘成长漠阳天"，表达了他对家乡的情怀。

10月9日，参加岭南画派纪念馆举办的"关山月近作展"开幕式。10月底又赴港参加由香港区域市政局、香港中华文化促进中心在香港沙田大会堂举办的"关山月近作展"，同时在香港中华文化促进中心画廊举办"关山月画展之'敦煌'"。关山月的多地巡回展都很成功，他说："作品画出来，就是让大家看的，让大家批评的。"

1993年3月到北京参加第八届全国人大一次会议，并当选（第八届全国人大会议）主席团成员。广州美术学院7名教师首次获颁发广州美术学院"关山月中国画教学基金"奖励。有获奖者用奖金到北京中央美术学院进修，感激地说，终身受用。

5月，关山月同广东画院画家们前往福州市参加由福建画院举办的"广东画院作品展"的交流及写生活动。到武夷山、厦门、泉州等地采风写生。武夷山归来后，关山月即有诗作《游武夷山有感诗一首》及画作《漂游伴水声》。他说："宝山归来不能两手空。"所以他每次外出回来，不是有画作就是有诗作。这次到厦门参观时，还登上胡里山炮台，从望远镜里眺望台湾管辖下的几个小岛。隔海相望，关山月不禁怀念已故画友张大千先生、黄君璧先生，感慨吟诗一首："台湾海岛在门前，民族风情两岸牵。翰墨有缘多故旧，交流团聚待何年？"后来该诗由"海峡之声"电台播出。

6月9日，关山月和夫人、女儿、女婿应深圳市委、市政府领导的邀请，到

轻舟已过万重山（局部）　1994年　142 cm×365 cm　中南海紫光阁藏

深圳考察，选择兴建关山月美术馆的馆址，确定了位于福田中心区的莲花山南侧的土地为建馆工地。关山月应邀为东莞市博物馆创作大画《铁骨清香图》。又为江苏省江阴市题写"巨赞纪念堂"。

这一年，广州美术学院授予关山月终身教授职衔。关山月写文《赢来难得晚晴天》。

11月24日早上，妻子李秋璜在家中因突发中风昏迷，在医院抢救两天无效，26日上午9时在广州医学院第二附属医院不幸病逝，享年74岁。当夜，关山月悲痛地写了两首诗《哭老伴仙游——为爱妻李秋璜送行（二首）》，哀悼爱妻。

12月3日，广州美术学院为李秋璜举办告别仪式，家人不让关山月参加，他含泪写下六个字"敦煌烛光长明"，放在爱妻灵前。12月11日，邵华、毛新宇到广州美院关山月家中来探望。

1994年3月，关山月到北京参加第八届全国人大二次会议，会议期间，全国人大代表、深圳市委书记厉有为对外宣布：关山月愿将其一生各个时期创作的代

表作品捐赠给深圳市人民，深圳市人民政府准备修建以关山月的名字命名的美术馆——关山月美术馆。

4月，"关山月近作展"应邀赴陕西美术馆展出，其间，关山月带助手关怡、关志全前往宜川县黄河壶口和秦岭写生。第一次见到这么壮观的壶口瀑布，关山月激情地作诗《游壶口赋诗（二首）》。回广州后，又创作《壶口瀑布》《黄河魂》等作品。

8月，关山月接任务为北京中南海紫光阁创作大型山水画《轻舟已过万重山》，紫光阁是国务院总理接待外宾的重要场地。该作品体现出关山月"挥笔颂山河"的气魄，是中国优秀山水画的又一高度，挂出后，一直受到国内外友人的称赞。

10月，关山月创作的《绿源赞》入选"广东省庆祝新中国成立四十五周年美术作品展"。蔡若虹先生看过《关山月画集》后，赠诗七律二首《寄山月》，关山月感激地写下《和蔡若虹赠诗（二首）》，发表于《文汇报》。关山月又作诗《爱妻仙游周年悼》和画作《三友伴月图》来怀念爱妻去世一周年。

关山月参观岭南画派纪念馆主办的"何家英工笔人物画展"后，写诗《何家英画展观后感》赞扬青年画家何家英。

1995年1月9日，关山月及家人赴深圳参加关山月美术馆奠基仪式。并作诗《迎春感赋——关山月美术馆奠基寄意》，发表于《深圳特区报》。新春为武汉黄鹤楼作画《铁骨傲冰雪》。3月到北京参加第八届全国人大三次会议，3月10日《人民日报》发表《抓好"米袋子"，勿忘"脑袋子"——总书记与关山月对话记》。

6月，关山月为全国政协礼堂创作大画《黄河颂》。关山月热心于公益事业，向广州市青少年发展基金会捐赠作品《一笑千家暖》，为广州市筹集教育基金捐赠中堂画《清香系国魂》和对联"炎黄后代挺胸立地顶青天，中国人民昂首步云跨寰宇"。还为《广东公安报》公开发行10周年题写了12个大字："安居乐业是人民群众的心声"，充分体现了关山月对社会治安的重视和对广东公安的期望。

7月1日，由广州美术学院、广东省美术家协会、广东画院、深圳市文化局联合主办，在广州美术学院美术馆展出"纪念抗战胜利50周年——关山月前瞻回顾作品展"，关山月自写前言《我的自白》，并写诗《纪念抗战胜利50周年诗（二首）》。15日，该展览移至深圳美术馆展出。

中秋，创作《寒梅伴冷月》，画上赋诗怀念妻子李秋璜。款为："寒梅伴冷月。立业成家系一舟，今秋往事涌心头。敦煌秉烛助摹古，'文革'遭殃屈伴中。陪索善真求创美，共泛洋洲壮神游。窗前梦境阳关月，寄意寒梅感赋秋。1995年中秋有感图此，并赋予珠江南岸。漠阳关山月并题记。"

1996年3月，84岁的关山月赴北京出席第八届全国人大四次会议。3月14日《人民日报》刊登《人大四次会议小组发言摘编》："关山月（广东）：市长抓'菜篮子'，省长抓'米袋子'，'脑袋子'不仅书记要抓，也要大家抓。

1997 年 6 月 25 日，关山月美术馆在深圳落成，"关山月捐赠作品展"开幕

今临盛会，即兴作诗一首：'举世风云跨世纪，蓝图远景在心中。壮观天地任重大，爱国爱民日向东。'"关山月除了画画，还很关心国家大事和人民生活，所以他说："既然我是人民的代表，我就要为人民讲话，为人民谋福利。"

年初，深圳市文化局任命郭炳安为深圳关山月美术馆筹建办主任。深圳关山月美术馆筹建办派工作人员陈湘波、陈俊宇到关山月家中协助整理准备捐献给深圳市人民政府的作品和资料。深圳要建造关山月美术馆，这个消息"刺激"了广州市人民政府，也促成广州要筹建广州艺术博物院。关山月表示："我长期在广州工作，广州是我的第二故乡，我要留下部分最好的作品，让广州人民欣赏。"结果他真的做到了，这个举动深得广州文化界人士的好评。

4 月，关山月和女儿、女婿等人应邀赴澳门参加由澳门中华总商会、澳门颐园书画会在澳门中华总商会大礼堂举办的"纪念抗战胜利 50 周年——关山月前瞻回顾作品展"的交流活动。关山月对澳门中华总商会和澳门颐园书画会会长崔德祺说："我的抗战画是 56 年前在澳门画的，我在澳门开第一个抗战画展，56 年后又回澳门开抗战画展，这是最好的回顾，最有意义的纪念。"在澳门期间，关山月特地前往当年创作抗战画的地方——普济禅院，作旧地重游，并为禅院写下一副对联："落难求生，有缘圣佛施荫庇；前瞻回顾，可贵恩师指航程。"此外，还为禅院画了一幅《雪梅图》。

毛泽东同志逝世 20 周年时关山月书赠对联"劳动人民解放翻身怀圣迹，中华儿女改天换地念忠魂"给韶山毛泽东纪念园。北京人民美术出版社编辑出版《中国近现代名家画集·关山月》。

关山月还应广州美术学院邀请为全院师生作了一场《纪念抗战胜利 50 周年》的报告。特别谈到他在 50 多年前创作抗战画的艰苦历程和重大意义，使大家受到很大的教育。

1997 年 3 月 1 日至 15 日，到北京出席第八届全国人大五次会议。其间，在北京饭店举行赠书画给香港特区律政司司长、全国人大代表梁爱诗收转交香港特区行政长官办公室的简单仪式。表达了关山月对香港回归祖国的祝贺。

6 月 25 日，由江泽民总书记亲笔题写馆名的"关山月美术馆"在深圳落成，各级领导及海内外各界人士 3000 多人出席了隆重的开幕典礼。关山月将自己各个时期的主要代表作品 813 件和一批文献资料捐献给深圳市人民政府，藏于关山月美术馆，供世人参观研究。开幕式当天下午还举行了研讨会。

深圳关山月美术馆展出"关山月捐赠作品展"，同时举办广州美术学院、广东画院、广州画院、深圳画院"四院联展"。关山月美术馆编辑出版了《关山月作品集》《关山月研究》《关山月诗选》《关山月传》《国画大师关山月》《关山月美术馆研讨会笔谈文集》。深圳关山月美术馆还举办了"关山月先生与深圳美术界座谈会"，关山月在会上作《我的实践经历》的讲话。

9 月 1 日，深圳关山月美术馆举办"关山月写生画展"，展出关山月在 20 世纪 40 年代初期的写生作品 89 件，全部是捐赠给关山月美术馆收藏的作品。

10 月，深圳关山月美术馆举办"山河颂——关山月作品展"，展出关山月山水作品 59 件，全部是捐赠给关山月美术馆收藏的作品。

国庆节，为纪念周恩来总理诞辰一百周年，关山月赠画《铁骨傲冰雪，幽香沁大千》给北京毛主席纪念堂。

11 月，关山月捐赠作品 145 幅给广州美术学院岭南画派纪念馆收藏，岭南画派纪念馆举办了"关山月先生捐赠作品展"。关山月在捐赠作品的过程中，考虑得非常周全，捐给广州美术学院岭南画派纪念馆的是以教学题材为主的，也是为广州美术学院教学做贡献。捐给广州艺术博物院的多是以广东为题材的代表作。捐给深圳关山月美术馆的就是最全面的，更利于世人做研究工作。

关山月在女儿关怡的陪同下，应邀赴加拿大访问，11月23日，在加拿大温哥华美术馆参加并主持由江泽民主席和钱其琛副总理出席开幕式的"中国20世纪名家国画展"，参展作品中有文化部收藏的关山月的作品《新开发的公路》。本次画展是由加拿大保护中国文物基金会和中国展览交流中心联合主办的，被加拿大政府列入"加拿大亚太年"活动的一部分，在亚太经济合作组织部长级会议和领导人会议在温哥华召开期间举行。加强了各国对中国文化的了解。随展代表团由关山月任团长。关山月还捐赠了一张《梅花图》给加拿大保护中国文物基金会。

年底，关山月创作《松涛伴泉声》赠贺人民日报社华南分社的成立。同时，还赠画《报春图》贺北京大学百年校庆，作品被该校收藏。

1998年5月，关山月捐资6万元给家乡阳江市江城区埠场镇那蓬管理区修建麻濠桥和新河桥。关山月对家乡的文化教育及公益事业都做出了很大贡献，据不完全统计，关山月曾捐款、捐字画给阳江县文化馆、那蓬管理区、阳江师范学校、关村小学、关山月中学、石滩小学、阳西县奋兴中学等单位。还题写了"阳江市第一中学""阳江市第二中学艺术馆""阳江师范学校""奋兴中学""阳西县溪头中心小学""大垌山""梅林""阳江国际大酒店""粤海酒店""乔士城""雅园宾馆""天马山庄""阳江大金湾度假村""阳江报""佳业信息报""阳江文艺""阳西文艺""漠阳楼""邓琳故居""邓琳墨汁"等等。

关山月还捐作品给广州美术学院一位因病需要实施换肾手术，费用达30万元的本科学生，师生们都称赞关山月老师做了许多无私奉献的好事，是个高尚的人，是大家学习的榜样。

十二/ 山月长明

　　86 岁的关山月经常说："学到老来知不足。"晚年的他，仍不停地学习、工作着。他特别喜欢写诗，书桌上放着一些他最爱读的《唐诗三百首》和《诗韵》等书籍。闲时，又作诗《晚晴天感赋》七律一首，他说："我是有感而发，绝不是无病呻吟。"说明他对生活和诗歌的热爱。1998 年 1 月 2 日《南方日报》发表关山月诗作《九八元旦吟》。

　　2 月 3 日关山月应澳门中华总商会会长、新会市政协名誉主席崔德祺先生之邀，带女儿关怡赴新会春游，并为新会著名旅游景点"小鸟天堂"题字。又为《诗词报》题赠"虎"字。还与友人到长隆野生动物园参观写生，回来后创作了《虎年画虎》一画。

　　关山月接受北京中共中央办公厅的任务，为瀛台迎薰亭正厅创作了大型国画《源流颂》。这是我们国家领导人接待各国元首的地方，风景非常优美，《源流颂》挂在正厅中央，更是令人钦佩。

　　5 月，关山月在湖南省文联副主席钟增亚、新华社广东分社主任记者陈学思和助手关志全的陪同下，赴湖南张家界采风写生，归来后创作《张家界风光》长卷两幅。

　　6 月 15 日，关山月和女儿关怡等人赴香港参加由香港集古斋在香港大会堂展览厅举办的"庆祝香港回归一周年暨集古斋开业四十周年·关山月书画作品展"，展出 48 幅作品并出版了书画集。香港美术界同行和广大观众很高兴能再次欣赏到关山月的书画作品，他们说是大饱了眼福。

　　6 月 29 日，深圳关山月美术馆举办"丹青力搜山川美·关山月张家界写生纪实图片展"，"祖国大地——关山月山水画展"和"关山月人物画展"，展出山水画作品 56 幅，人物画作品 92 幅。三个画展的作品全部都是关山月捐赠给关山月美术馆的藏品。展后还召开了座谈会。

上：1998年，关山月赴湖南张家界采风写生
下：1999年1月2日，关山月参观从化流溪河国家森林公园梅花节，并题写了"流溪香雪"

9月，深圳关山月美术馆在成都四川省美术馆举办"关山月先生学术专题系列·关山月山水画展"，并编辑出版了《关山月写生集·西南山水写生》《关山月作品选》。展品主要是关山月20世纪三四十年代在西南地区，包括四川的写生和创作。他的作品回到创作地展出，这些让当地人感到熟悉的作品深受欢迎，特别是他的老画友、老朋友更觉亲切。虽然关山月未能前往出席，但他同时代的老报人车辐先生出席参观了画展，他是关山月当年的好友，看画展后又写信、又发文章表示祝贺，深厚的友情全表达在文字中，关山月深受感动。

关山月出席在北京召开的中国美术家协会第五次全国代表大会，并被聘为中国美术家协会艺术顾问。其间，关山月赠画《红梅傲雪俏报春》给中央军委抗洪部队，并在赠画仪式上赋诗一首。9月12日下午3时，登上长城的关山月高兴

瑞鹤图 1962年 152.5 cm×80.4 cm 广州艺术博物院藏

1998年12月10日，广州美术馆举办"关山月捐赠作品展"

地说："不上长城非好汉，今天我就是好汉了。"

关山月应广州市六榕寺的广东省佛教协会主席云峰大师之邀，为六榕寺补写"空谷回音"一匾。在卢延光的陪同下，云峰大师亲临广州美术学院关山月家中拜谢。关山月还为纪念佛教传入中国两千年，题写一个"佛"字赠送广东省佛教协会。又为广州集雅斋创立15周年题字"翰墨缘"。

11月1日，关山月参加广东美术馆举办的"傅抱石艺术特展"开幕式。他带着尊敬和怀念的心情，很仔细地看完傅抱石的所有作品。后来还作诗《怀念傅抱石》，发表于《南方日报》。

岭南画派纪念馆举办"关山月近作展"。与广州美术学院国画系师生在岭南画派纪念馆召开座谈会。关山月解答了许多学生提出的有关绘画创作上的问题。

12月3日至4日，关山月带女儿、女婿、助手回故乡阳江参加关村小学建校76周年暨"关山月教学楼"落成典礼，并即席为母校图书馆题字"学海无涯"。还返回出生地果园村的祖居在古榕树下留影。一同前往的还有阳江籍作家关振东夫妇等人。关山月为阳江市青年美术家协会题贺书法《百花齐放》。这是关山月最后一次返故乡，他对家乡的热爱和贡献，给家乡人民留下了深刻的印象。

12月10日，广州美术馆举办"关山月捐赠作品展"。关山月向广州市人民政府捐赠书画作品105幅，收藏于广州艺术博物院关山月艺术馆。同日，深圳关山月美术馆举办"关山月先生学术专题系列·关山月山水手卷作品展"。关山月同助手前往观看这个手卷展时感慨地说："我自己在家里都不可能把整个手卷打开全面地看，只有捐给关山月美术馆才有条件看到手卷作品的整个面貌。感谢政府让我的作品有了一个好的归宿。"

1999年1月2日，关山月带女儿、女婿、外孙到从化流溪河国家森林公园赏梅，还为梅园题"流溪香雪"四字。听梅园的负责人说，关山月的四个题字曾有香港

1999年10月14日，外孙关坚赴法国留学出发当天和外公最后一次合影，左起：陈强、卢婉仪、关坚、关山月、关怡、陈章绩

商人提出用高价收购，但梅园不同意，因为这是他们最珍贵的墨宝，必须永久收藏。现已放大刻在石碑上了。

2月，关山月受马来西亚私立第一现代美术馆之邀，带女儿、女婿、外孙、助手赴马来西亚访问、写生。途中作诗《马来西亚重游杂咏五首》，归来后创作国画作品《绿洲林海荫人间》。海南出版社出版了广东美术馆编的《关山月新作选集》。

3月17日，关山月参加由岭南画派纪念馆、广州美术馆、高剑父纪念馆在岭南画派纪念馆联合主办的新闻发布会，强烈谴责香港某商人借纪念高剑父诞辰120周年，在某地展出大批假冒高剑父、高奇峰、高剑僧的国画作品，并出版画集的丑恶行径。关山月在会上作了发言。他带头在美术界进行首次的"打假"行动，维护了画家的尊严。20日《澳门日报》发表杨永权特稿《伪劣假画冒充"三高"真迹的闹剧——关山月、黎雄才发表声明》。

5月下旬，关山月同女儿关怡应邀赴澳门参加"高剑父诞辰120周年纪念活动"。并赋诗《纪念高剑父诞辰120周年》。

6月9日，关山月参加由中国美术家协会主办的，在北京中国美术馆举行的"关山月近作展"和"关山月作品研讨会"。关山月的作品在北京展出，使首都人民和美术界的同行们对岭南画派的认识更加深入，并给予广东画家的作品高度的评价。

6月17日，由深圳关山月美术馆和上海刘海粟美术馆联合主办的"关山月中国画展"在上海刘海粟美术馆开幕，展出关山月中国画作品78幅。另外，18日，由中国美术家协会主办的"关山月近作展"在上海图书馆开幕。关山月赴上海出席了这两个展览的开幕式。上海的朋友说：关山月在上海同时举办两个画展，使沪上艺坛出现了"关山月热"。关山月曾于20世纪40年代末在上海办过写生画展，这次是阔别半个世纪，携带百多幅力作，重返黄浦江畔，展现岭南画派的艺术风

1999年，关山月在广州美术馆参加纪念高剑父诞辰120周年活动，作诗一首（书法）赠送给美术馆，馆长卢延光（右）接受所赠书法

采，给上海人民带来了美的享受。展览期间，关山月参观了上海博物馆、上海豫园、金茂大厦、上海外滩等地，并为上海豫园建园440周年题词"翰墨千秋"，为上海金茂大厦全面开业庆典留下墨宝"天地合一"。同时，还到苏州园林、水乡周庄等地采风、写生。关山月高兴地说："在上海、苏州观赏到优美的风景，品尝到闻名的美食，也是人生一大快乐。"

6月30日至7月28日，广东美术馆举办"关山月新作展"并出版发行《关山月新作选集》。关山月在开幕式上捐赠作品《墨竹图》给广东美术馆收藏。展览会上，关山月见到英籍华人女画家郭南斯，鼓励她回来定居，建议她把艺术品捐出，在家乡清远建立艺术馆，郭南斯非常感谢能得到关山月的支持。

暑假，关山月在女儿、外孙、助手等人陪同下，到云南丽江高原、长江第一湾、金沙江畔的虎跳峡、香格里拉等地采风、写生。高原气候的反应会令人胸闷气喘，医生带着氧气袋，关山月坚持在海拔3800米的碧塔海畔画速写。当地人都称赞他了不起。这当中还有一个小插曲，路途中，外孙强仔曾独自往回走了一段路去借来一头小驴子，想让爷爷骑在上面，就不用走得那么辛苦，但他坚持不肯骑，只说了声谢谢乖孙。结果只好人走人的，驴走驴的，但大家都称赞孙儿的一片孝心和老爷爷的坚强。

10月13日，关山月参加香港大学冯平山博物馆举办的"高剑父诞辰120周年画展"和"高剑父艺术研讨会"等纪念活动，并在研讨会上作了发言。

广州美术馆也举办了"纪念高剑父诞辰120周年画展"及活动，关山月作诗一首（书法）赠送给广州美术馆。

12月21日，关山月写信给重庆市美术家协会副主席周顺皑，祝贺他的作品《最后的嘱托》获第九届全国美展"关山月中国画创作奖"。关山月称赞他的作品是怀念周恩来总理的好题材，表现手法也很好，是值得奖励的好作品，希望以后有更多这样的好作品问世。

上：关山月在画室

下：关山月在隔山
书舍研墨、读书

年底，关山月在广东省人民医院体检住院期间，还为广州培正中学创办110周年题赠书法《百年树人》。

大家都说，关山月的晚年是忙忙碌碌过着每一天，但他说自己是过着"晚晴天"的每一天，是有意义的每一天。

他在《赢来难得晚晴天》一文中写道："新中国成立后，中国人民站起来了，我也光荣地成为国家的主人，我的艺术也从此获得了新生，使我更明白了'为什么画画''画画为什么'的人生观与艺术观。改革开放以后，我又庆幸地赢来了难得的晚晴天。""我们一定要弘扬中华文化，因为我们的中华文化有几千年的传统历史，在世界上具有雄厚而独特的优势，也是炎黄子孙的一种爱国主义教育的凝聚力。在建设有中国特色社会主义的今天，我们应使之发扬光大，并用以为国争光，为民族争气。""在实践中我深刻地理解到实践与理论的密切关系，即实践离不开理论，理论也离不开实践，如果实践没有一个理论的指南，会失去了前进的方向。理论没有实践作依据，也会导致唯心主义的想入非非或狂妄的空谈。我们是坚信历史唯物主义的，是坚持唯物辩证法的。对此，首先必须具有明确的立场、观点和方法，从实践出发，实事求是地去对待实践。""在创作上我深刻体会到生活的重要性。创作没有生活的依据，等于'无源之水''无米之炊'。"在这篇文章里，可以看出关山月在自己的艺术道路上通过实践总结出来的观点，是值得后人学习的。

2000 年已经 88 岁的关山月，偶然之间对女儿关怡说自己今年是两副眼镜的年龄了，关怡没有正面答复他，其实两人心中都知道其中的意思。

那是在多年前，关山月与好友中国佛教协会会长赵朴初见面聊天，关山月开玩笑地问赵朴初："你不是很会算命吗？你看我有多长命？"赵朴初说："你是两副眼镜的命。"关山月又问："那你自己呢？"赵朴初答："长你 6 年。"当时两人对笑而言。但后来果真应验了。

1 月 22 日，关山月与女儿关怡赴番禺博物馆参加由番禺日报社和化龙镇政府联合主办的"邵华泽书法、曾洪流木雕展"开幕式。因为人民日报社社长邵华泽曾在关山月家见到曾洪流的书法雕刻，很感兴趣，关山月就介绍他们认识，使他们以书法木雕结缘，促成了这个展览。展厅内，挂着关山月"笔迹木雕缘"的题词。这正是他对邵华泽、曾洪流两位艺术家情感交融，书法与木雕艺术完美结合的赞赏。后来，关山月还赠送书法作品给邵华泽同志。

2 月 1 日至 3 月 21 日，由广州美术学院岭南画派纪念馆和深圳关山月美术馆联合主办的"迎新春——黎雄才、关山月画展"，在深圳关山月美术馆展出，展出黎雄才作品 35 幅，关山月作品 34 幅。

春节期间，关山月还为三水市实验中学题写校名。他经常是无条件地为学校，特别是希望工程的小学题写校名和题词，他认为这是对教育事业的支持。另外，关山月几十年前的画友，从英国回祖籍广东省清远市定居的英籍女画家郭南斯和丈夫英国工程师戴维斯·佳先生到关山月家做客，关山月特别又谈到在清远建立郭南斯艺术馆之事，希望她的艺术事业能回归祖国，为家乡多做些贡献。

3 月 8 日，关山月到逸品堂参加"华君武画展"开幕式。以往，关山月每次到北京出差开会时，一定要带上自己的新画册和家乡特产，去华君武家探望，他们是最知心的画友。

梅花俏笑报春开
2000年
179.5cm×68cm
私人藏

左：2000年4月28日，关山月与关怡赴北京参加"关山月梅花艺术展"开幕式
右：2000年，关山月在北京全国政协大楼自己创作的《黄河颂》前留影

　　3月17日，关山月由女儿关怡陪同，应邀赴澳门参加"司徒奇艺术回顾展"开幕式，并为《司徒奇艺术回顾画展》《司徒奇艺术回顾画集》题字。关山月还重游澳门普济禅院，回忆之余有感，即席书写了一首七绝："濠江圣地有前缘，寺院难居抗日年；以笔代戈图战事，今来旧地换新天。"留在普济禅院作纪念。

　　海南出版社出版大型画集《天香赞——关山月梅花选集》。这是关山月在为他的梅花展做准备工作，关山月的女儿曾在接受记者采访时说："每逢喜庆节日，父亲总有梅作问世。以梅咏怀，以梅言志，梅是父亲情感的寄托。而实际上，梅花苦寒、高洁、愈老愈精神的品格，正是父亲一生的写照。"

　　4月28日，关山月出席了由中国美术家协会在北京中国美术馆举办的"关山月梅花艺术展"开幕式。会上宣布中国美术家协会成立关山月艺术研究会，由中国美术家协会常务副主席刘大为任会长。

　　5月1日，关山月与关怡、陈章绩、关志全、温祈福、赵利平、古英明等人，在他40年前的学生，济南市文联主席吴泽浩的陪同下前往山东济南、泰安等地游览，还登上泰山写生，登泰山是关山月多年来的愿望，他说他一生从未到过五岳之首的泰山，老来时应该补上这一课，还说自己"真是有眼不识泰山"。并兴奋地写下一首五绝诗《泰山吟》："行年八十八，首次泰山攀。亲友相陪伴，游归庆晚餐。"关山月一行还到孔子墓、大成殿、孔子坐像前，他率领大家，深深地向孔子像鞠躬行礼。

　　5月11日至17日，岭南画派纪念馆举办"关山月梅花艺术展"。展出关山月创作中的梅花作品，体现梅花精神伴随着他的一生。

　　5月14日，关山月、关怡同广东画院画家一行十人赴澳门卢廉若公园展览厅参加"广东画院建院40周年中国画邀请展"开幕式，关山月作品《暗香浮动》参展。

2000年6月，在深圳关山月美术馆举办的"关山月美术馆建馆三周年·关山月梅花艺术展座谈会"上，关山月和学生、工作人员合影

这是关山月最后一次参加广东画院的活动，也是他最后一次重访澳门。

5月18日《光明日报》发表关山月诗作《艺海新天颂》。关山月应邀为广州市越秀区大新街的文化旧址"状元坊"题写新牌坊。还为阳江书画学会题写"漠海墨潮"。又为香港中国文化馆出版的《我的母亲》第七辑题写书名。

关山月为向张学良将军祝寿，在画家籍忠亮所画的《龙子图》上题"张学良将军百年华诞，关山月题"。

晚年的关山月很乐意为大家书写有意义的题字，朋友都说关老写的书法越老越有劲，他说："我拿了一辈子的毛笔，正是苏轼道：'无数江山供点笔，尽驱春色入毫端'。我的劲就在笔端上了。"

6月25日是深圳关山月美术馆建馆三周年纪念日。关山月同助手关怡、关志全等赴深圳参加活动。上午应邀参观深圳商报社，下午到关山月美术馆，参加由中国美术家协会、关山月美术馆、中国美协关山月艺术研究会主办的"关山月梅花艺术展"开幕式和"关山月美术馆建馆三周年·关山月梅花艺术展座谈会"。应邀的广州、香港、深圳文艺界知名人士30多人作了热烈的发言，关山月也发表讲话。

6月29日，关山月为著名版画家黄新波的母校台山市第一中学题写"奋发"二字。这是他留给世人的最后一份墨宝，表明他深爱着教育事业。他经常说自己是师范毕业的，是当老师出身的，所以他一生中为教育事业，特别是中、小学做过很多贡献。

6月30日，广州美术学院为庆祝中国共产党建党79周年召开党员大会，由于天气炎热，关山月请了假。他自己在家中整理准备赴台湾展览的资料。在这之前曾要关山月填写去台湾的申请表，有一栏是"何党派"，别人叫他不要填写该栏，但他说："我是一个堂堂正正的中国共产党党员，为什么要隐瞒身份？宁可

乡土情
1999 年
95 cm×181 cm
私人藏

他不批准，我也要填。"这就是关山月热爱祖国、热爱共产党的表现。晚饭时，女儿关怡给他传达党员大会的盛况，他听得很高兴。晚上照常看完电视新闻节目后，就上楼洗澡、睡觉。但到了夜间 11 时，关山月突然起床对关怡说觉得头很疼，他自以为是感冒引起的，关怡要打电话给古英明医生，他却说："太晚了，别人都休息了，不要麻烦别人。"接着他开始呕吐，关怡赶快叫陈章绩和关志全过来，并打电话给古医生，同时叫岭南画派纪念馆的司机把车开来家门口。此时的关山月自称很累，要坐下来，并说要喝水，陈章绩拿杯子让他喝了一口水，他就出现昏迷状况，即刻用车把他送到对面的广州医学院第二附属医院急诊，经 CT 检查，确诊关山月是因高血压引起脑大面积出血。鉴于病情危急，医院立即成立了由医院副院长胡以则教授为组长的医疗抢救小组。广州医学院院长钟南山院士等人亲临现场指挥抢救，并立即向省委汇报。在准备手术之前，关山月的血压突然快速下降，呼吸减弱，无法手术。即上呼吸机辅助呼吸，并转入 ICU 治疗。

7 月 1 日凌晨，关山月呼吸停止，抢救小组立即进行气管插管，呼吸机维持呼吸，并辅以药物治疗。

7 月 2 日凌晨，关山月体温下降，病情恶化，脑干功能丧失，同时导致室颤、心跳停止，给予物理升温，头部继续用冰帽减压。傍晚，在法国留学的孙儿关坚赶回广州前往医院探望。

7 月 3 日 15 时 50 分，心率减慢，血压下降，经积极抢救无效。17 时 08 分，关山月心跳停止。

同日，新华社专电："新华社广州 7 月 3 日电（记者张知干），以创作人民大会堂巨幅国画《江山如此多娇》闻名于世的我国当代著名国画艺术大师关山月，因病抢救无效，于 7 月 3 日 17 时 08 分在广州逝世，享年 89 岁。"

7 月 4 日《羊城晚报》："本报综合消息：关山月病危期间，中共中央政治

上：由启功先生题写的
"隔山书舍"斋号

下：由叶选平同志题字
的关山月故居

局常委、全国政协主席李瑞环专程从北京打来电话询问病情。中共中央政治局委员、广东省委书记李长春，省委副书记、省长卢瑞华，省委副书记、广州市委书记黄华华，省委副书记黄丽满，省政协主席郭荣昌，省委常委、深圳市市长于幼军，省委常委、秘书长蔡东士，省人大常委会副主任程志青，广州市市长林树森，省委宣传部长钟阳胜，广州市委副书记石安海、朱小丹，老同志林若、方苞、张汉青、欧初等以及海内外文艺界知名人士，关山月同志家乡党政领导分别亲自或派人前往医院探望。李长春同志对抢救工作做了重要指示，并对其亲属表示亲切慰问。"

7月4日，筹备了6年的广州艺术博物院关山月艺术馆装修完工。

7月10日，关山月遗体告别会在广州殡仪馆举行，社会各界人士4000余人向大师告别。中共中央总书记、国家主席、中央军委主席江泽民专门发来唁电："广东省委办公厅转关山月亲属：惊悉关山月同志病逝，谨致哀悼，并向亲属表示衷心慰问，望节哀。江泽民2000年7月10日。"

由广州艺术博物院编的大型画集《广州艺术博物院珍藏丛书·关山月艺术馆藏品》出版。可惜关山月看不到了，但广州人民会永远感谢他所做出的贡献。

由陈香梅女士题写的
"关山月长明"牌匾

　　关山月先生虽然不在了，但他的"梅花艺术展"还在深圳关山月美术馆展出着，他的作品和精神永远留在人们心中。

　　9月23日，广州艺术博物院关山月艺术馆开幕，并展出他生前捐赠的作品。前来参观的人络绎不绝，大师的画作，吸引着人们的目光，大师的品格，更令人赞叹不已。人民艺术家关山月，将自己一生最重要的作品，全部捐献给了国家，深受人民的爱戴和怀念。

　　9月25日，陈香梅女士挥笔写下了"关山月长明"五个字，挂在由叶选平题字的"关山月故居"里。以此纪念这位20世纪杰出的国画大师。

　　关山月先生虽然走了，但我们大家对他的悼念和缅怀之情，不断出现在很多的唁电、诗词、楹联和文章里。关山月虽然离开我们了，但我们还在继续努力，继承和发扬他的精神，在广东省成立了关山月艺术基金会，在家乡阳江市成立了关山月中学、阳江市关山月文化研究会等，他的艺术榜样不朽。2001年国际文化出版公司出版《关山月长明——国画大师关山月纪念文集》。

附一/艺术年表

1912年

10月25日（农历九月十六日），生于广东省阳江县，父亲关籍农为其起乳名"应新"。

1918年

在阳江九乡私塾读书。

1930年

入读免费的广州市立师范学校。

1931年

利用假期回阳江用笔名"子云"举办个人画展。

1932年

画人物画《抗日将领马占山》和花鸟画参加校庆画展。

1933年

广州市立师范学校毕业后，在广州市第九十三小学任教，坚持业余学画。父母先后去世。

1935年

与李淑真（后改名李小平、李秋璜）结婚。

入春睡画院学习，老师为其改名"关山月"。

1936年

随高剑父习画。

1938年

广州沦陷前夕与高剑父、司徒奇等到四会写生，创作《南瓜》联屏。广州沦陷后与高剑父等住在澳门普济禅院习画。

1939年

寄住澳门普济禅院，创作了一系列抗日题材的作品《从城市撤退》《游击队之家》等。《渔民之劫》等四幅作品参加前苏联主办的"中国艺术展览"。

1940年

在澳门复旦中学举办首次个人抗战画展，并应邀至香港公展，后回到韶关举办内地第一次个人抗战画展。在桂林举办"关山月画展"。年底开始创作《漓江百里图》。

1941年

完成《漓江百里图》长卷。在桂林举办"桂林写生画展"，到贵阳、重庆举办"关山月抗战画展"，郭沫若参观了画展。接受陶行知邀请前往育才中学讲学。

1942年

到贵阳、昆明、重庆举办画展，徐悲鸿来观展。在成都举办"关山月画展"。

1943年

临摹了80余幅敦煌壁画。冬，离开敦煌，到青海体验生活，创作了一批具有西北风情的作品。

1944年

在重庆举办"西北纪游画展"，郭沫若为《塞外驼铃》《蒙民牧居》题诗作跋。

1945年

与赵望云、张振铎在重庆举办"西北写生画展"。在成都举办"西南、西北写生和敦煌壁画临摹作品展"。

1946年

创作漫画《接收后的军马》。广东省文献馆展出"关山月西南西北纪游画展"。接受高剑父之聘，任教于广州南中美术专科学校。教育部购买《祁连放牧》一画，代表中国参加联合国在巴黎举行的教育展览。

1947年

赴南洋写生。

1948年

任广州市立艺术专科学校教授兼中国画科主任。与高剑父、陈树人、黎葛民、赵少昂、杨善深等组织"今社"。"高剑父、陈树人、赵少昂、黎葛民、关山月、杨善深六人联展"先后在广州中山图书馆和香港圣约翰教堂展出。暑假，赴上海举办"关山月西南西北纪游画展"，并出版《关山月纪游画集第一辑·西南西北旅游写生选》《关山月纪游画集第二辑·南洋旅行写生选》。

1949年

加入香港人间画会，在香港报纸上发表了反映香港平民生活百态的速写和漫画。绘制黄谷柳著作《虾球传·山长水远》的连环画。参加由人间画会在六国饭店举行的"庆祝中华人民共和国成立暨华南解放大会"。当选第一次全国文代会代表和中国美术家协会理事。

11 月，将集体绘制的《中国人民站起来了》巨幅毛泽东主席像悬挂在广州爱群大厦外墙，欢庆广州的解放。返回广州市立艺术专科学校工作。

1950年

被任命为华南人民文学艺术学院美术部副部长，当选华南文联委员、中国美术家协会常委。9 月，在开学典礼上作《中国画如何为人民服务》的发言。

11 月，带学生赴广东宝安县参加"土改"运动。

1951年

"土改"期间，任宝安县人民法庭副庭长。12 月，调往广东云浮县，任云浮县人民法庭副庭长。

1953年

创作连环画《欧秀妹义擒匪夫》等。9 月，"土改"运动结束回校，被任命为中南美术专科学校副校长。

1954年

中南美专附中正式成立，兼首任校长。

1955年

《新开发的公路》入选"第二届全国美术作品展"，并由文化部收藏。被选为中国文联委员、湖北省文联副主席。

1956年

7 月，作品《问路》《和平保卫者》入选"第二届全国国画展览"。作品《一天的战果》，获"湖北省美术作品展"一等奖。

8 月至 9 月，赴波兰访问写生，《萧邦故居》《陶瓷艺人》等 60 余幅作品在驻波兰中国大使馆内举办观摩展。归国后，在北京举办"关山月、刘蒙天访问波兰写生展"。

1957年

出席文化部艺术教育司召开的艺术教育工作会议，并在会上提出美术院校应建立中国画系的建议。构思创作《山村跃进图》《山乡冬忙图》。

1958年

中南美专改名为广州美术学院，被任命为副院长兼中国画系主任。作品《山村跃进图》完成并参加在莫斯科举办的"社会主义国家造型艺术展览"。11月，受国家委派前往欧洲主持"中国近百年绘画展览"。

1959年

5月初，到北京与傅抱石合作巨幅作品《江山如此多娇》，并由毛泽东主席题写画名。作品于国庆前夕悬挂在北京人民大会堂。

被广东省委任命为"广州国画院筹备委员会"副主任委员。

1960年

带领广州美术学院国画系师生集体创作了大型国画作品《向海洋宣战》，作品《万古长青》入选"第三届全国美术作品展"，被中国美术馆收藏。

1961年

被选为广州美术学院党委委员。当选广东省文联常委委员、中国美术家协会广东分会副主席。与傅抱石到东北三省旅行写生3个月，中央新闻纪录电影制片厂为此拍摄了纪录片《画中山水》。

1962年

被任命为广东画院副院长。作品《新开发的公路》《榕荫渡口》入选"全国美术作品展"。

1963年

到汕尾渔港等地写生，创作了《汕尾渔家姑娘》等。

1964年

到山西写生，创作了《春到雁门》。岭南美术出版社出版《关山月作品选集》。
辽宁美术出版社出版《傅抱石、关山月东北写生画选》。

1965年

作画《毛主席咏梅词意图》。

1966年

7月，"文化大革命"运动开始，被"红卫兵"从阳春"请"回学校，被"押"进"牛棚"。

1971年

随着政策的落实，从"五七干校"被"解放"出来，会见日本著名美术评论家宫川寅雄。分配到广东省文化局下属的文艺创作室任副主任，到海南岛、茂名等地写生，创作《南方油城》。

1973年

创作《绿色长城》。该画入选国务院文化组主办的"全国连环画、中国画展览"，被中国美术馆收藏。后又画了第二张《绿色长城》，现藏于深圳关山月美术馆。

1974年

应广东迎宾馆之邀，画第三幅《绿色长城》。到新疆体验生活，为乌鲁木齐机场作画《天山牧歌》。另画一幅《天山牧歌》（现藏于中国驻法国巴黎大使馆）与《俏不争春》入选"庆祝中华人民共和国成立二十五周年全国美术作品展览"。作品《山村任点装》入选"广东美术作品展览"。为联合国中国厅创作《报春图》。

1975年

创作《油龙出海》《晨炼》等作品。为广东迎宾馆创作《报春图》。

1977年

接受北京毛主席纪念堂创作任务，与黎雄才等到井冈山、延安等地写生，创作的《革命摇篮井冈山》悬挂于北京毛主席纪念堂，《井冈山颂》被广东省博物馆收藏。被文化部评为先进工作者。

兼任广东画院院长。

1978年

为庆祝广西壮族自治区成立20周年创作《山高水长》。作品《井冈山》获"广东省美术作品展"二等奖。

1979年

广东人民出版社出版《关山月画集》。出席中国美术家协会第三次会员代表大会，当选中国美协副主席。

与黎雄才合作的《岁寒图》在香港展出，获得4万元港币，全部捐赠给广东省儿童福利会。

1980年

当选广东省文联副主席、广东省美术家协会主席。作品《山河在欢笑》参加"第四届全国美术作品展",获三等奖,并被中国美术馆收藏。

6月,完成长卷《江峡图卷》,由容庚先生书写画题。

7月,与广东画院画家到肇庆鼎湖山写生,创作《鼎湖组画》。

8月,为中国军事博物馆作大画《迎客松》。"关山月画展"先后在北京中国美术馆和湖南长沙展览馆展出。

1981年

"关山月画展"先后在广州和成都展览馆展出。与黎雄才合作的《松梅图》,获得稿酬港币 3.6 万元,全部捐赠给广州市儿童福利会。

创作《长河颂》和《风雨千秋泰岳松》参加全国美术作品展,《长河颂》获"广东省美术作品展"二等奖。应邀为新加坡中国银行创作大画《江南塞北天边雁》。

1982年

中国邮政发行关山月《梅花》邮票。

10月,受国家委派赴日本访问,为庆贺中日邦交 10 周年,东京高岛屋画廊举办"中国画坛的巨匠——关山月画展",并出版《关山月画展》画册。

1983年

3月,日本《读卖新闻》的《世界名画》栏目整版发表关山月作品《俏不争春》。应邀参加"赵少昂、黎雄才、关山月、杨善深合作画展"。新加坡中国银行为画作《江南塞北天边雁》举办观赏酒会。

作品《黄洋界英雄径》赠胡耀邦总书记。作品《鼎湖组画》获"广东省鲁迅文艺奖"一等奖,奖金转赠家乡阳江母校关村小学。

10月,创作《碧浪涌南天》等作品。

1984年

作品《碧浪涌南天》参加"第六届全国美术作品展览"获荣誉奖,并被中国美术馆收藏。

1985年

任广东画院院长。

出席中国美术家协会第四次会员代表大会,被选为中国美术家协会副主席。

在悉尼美术馆举办"关山月、黎雄才画展"。

1986年

5月,参加香港中文大学主办的"当代中国绘画研究会",并作《试论岭南画派和中国画的创新》发言。

9 月，应邀到新加坡国家博物馆举办画展。

1987年

为北京人民大会堂东大厅作大画《国香赞》。

12 月，参加岭南画派纪念馆奠基典礼，"赵少昂、黎雄才、关山月、杨善深四人合作画"获"广东省鲁迅文艺奖"特别奖，奖金全部捐赠给岭南画派纪念馆基金会。美国加州州立大学授予关山月"荣誉艺术大师"称号。

1988年

5 月，与广东画院画家到南昆山写生，创作《在山泉水清》。

9 月，赠新加坡总理李光耀扇面画《梅花》一幅。

10 月，广东画院举办"关山月近作展"。接受印度电视台采访，拍摄纪录片。

1989年

为迎国庆 40 周年，应邀为北京天安门城楼中央大厅作画《大地回春》。为武汉黄鹤楼重建落成撰写对联，被刻成木联挂在黄鹤楼门口。创作长卷《乡土情》《榕荫曲》《巨榕红棉赞》。珠江电影制片厂王为一导演摄制《关山月的画与话》电视纪录片。

1990年

为阳春县人民政府作大画《梅花香自苦寒来》。作品《国香赞》获"广东省庆祝建国40 周年美术作品展"优秀作品一等奖。

应邀赴美国三藩市参加南海艺术中心落成典礼活动，赠送作品《红梅图》。回国后，捐稿费给广州美术学院设立"关山月中国画教学基金"。

1991年

应邀到美国纽约举办"关山月旅美写生画展"，并出版《关山月旅美写生画集》。展后，将全部收入捐献给中国美术家协会成立的"关山月中国画创作奖励基金"。

6 月，岭南画派纪念馆落成，任岭南画派纪念馆董事会董事长。与赵少昂、黎雄才、杨善深的 101 幅四人合作画，捐赠给岭南画派纪念馆收藏。台湾省立美术馆举办"关山月八十回顾展"，并出版画册。重游漓江，创作《漓江百里春》。为资助江苏和安徽遭受水灾的灾区人民，将义卖所得全部捐赠灾区。

10 月，由广东省文联、广东省美协等单位联合主办"关山月从艺六十周年学术研讨会"。并由岭南美术出版社出版《万里行踪——关山月写生选集第一辑·革命胜地》《关山月八十年代作品集》。

1992年

3 月，赴西沙群岛慰问驻岛部队并写生，创作《云龙卧海疆》。

先后在岭南画派纪念馆和香港沙田大会堂举办"关山月近作展"。

1993年

5月，与广东画院画家们赴福建画院举办的"广东画院作品展"，回来后创作《漂游伴水声》。

广州美术学院七名教师首次获颁发"关山月中国画教学基金"奖励。

7月，赴澳门参加"广州美术学院、广东画院、广州画院花鸟作品汇展"开幕式。被广州美术学院聘为终身教授。

10月，赴北京参加"纪念毛泽东同志诞辰100周年百名书画家笔会"活动。

1994年

先后在中国美术馆和陕西美术馆举办"关山月近作展"。创作《壶口瀑布》等作品。为北京中南海紫光阁创作大型山水画《轻舟已过万重山》。

1995年

赴深圳参加关山月美术馆奠基仪式。

为全国政协礼堂创作大画《黄河颂》。捐赠作品《一笑千家暖》给广州市青少年发展基金会。为广州市筹集教育基金捐赠中堂画《清香系国魂》和书法对联。

先后在广州、深圳举办"纪念抗战胜利50周年——关山月前瞻回顾作品展"，自写前言《我的自白》。

1996年

《美术》杂志发表关山月诗作《歌颂京城两会》。北京人民美术出版社出版《中国近现代名家画集·关山月》。岭南美术出版社出版《岭南画学丛书3·关山月》。

4月，应邀赴澳门举办"纪念抗战胜利50周年——关山月前瞻回顾作品展"。

1997年

向香港特别行政区长官办公室赠送画作《回春图》和书法《牛年回春颂》。

6月，"关山月美术馆"在深圳落成，同时举办"关山月捐赠作品展"和研讨会。出版《关山月作品集》《关山月研究》《关山月诗选》《关山月传》《国画大师关山月》《关山月美术馆研讨会笔谈文集》。关山月美术馆举办"山河颂——关山月作品展"和"关山月写生画展"。

向广东美术馆捐赠代表作品5幅。向岭南画派纪念馆捐赠作品共145幅，并举办"关山月先生捐赠作品展"。赴加拿大参加并主持"中国20世纪名家国画展"。

1998年

为北京中南海瀛台迎薰亭正厅创作大型国画《源流颂》。赴湖南张家界采风写生，创作《张家界风光》长卷两幅。捐资家乡阳江修建麻壕桥和新河桥。

6月，赴香港参加"庆祝香港回归一周年暨集古斋开业四十周年·关山月书画作品展"，并出版了书画集。赠作品《红梅傲雪俏报春》给中央军委抗洪部队。

12月，向广州市人民政府捐赠作品105幅，藏于广州艺术博物院关山月艺术馆，广州美术馆举办"关山月捐赠作品展"。

1999年

2月，赴马来西亚访问写生，创作《绿洲林海荫人间》。

参加先后在中国美术馆、上海图书馆举办的"关山月近作展"，以及上海刘海粟美术馆举办的"关山月中国画展"。在广东美术馆举办"关山月新作展"，并出版《关山月新作选集》。在关山月美术馆举办"关山月先生学术专题系列·洲际行——关山月海外风情展"。

8月，赴云南采风，经丽江、中甸深入藏区写生。

10月，赴澳门参加纪念高剑父先生诞辰120周年活动。

2000年

先后在深圳关山月美术馆和岭南画派纪念馆举办"迎新春——黎雄才、关山月画展"。

4月，由中国美术家协会主办，在中国美术馆举办"关山月梅花艺术展"，并宣布成立关山月艺术研究会。海南出版社出版大型画集《天香赞——关山月梅花选集》。

5月1日，登上泰山写生。

5月11日，"关山月梅花艺术展"在岭南画派纪念馆开幕。

应邀为广州市的文化旧址"状元坊"题写新牌坊。

6月25日，"关山月梅花艺术展"在深圳关山月美术馆开幕。30日，晚上身体不适，夜间送医院急诊抢救。

7月3日17时08分于广州逝世。

附二/**参考资料**

1. 关振东著：《情满关山——关山月传》，中国文联出版公司，1998年版。

2. 黄小庚选编：《关山月论画》，河南美术出版社，1991年版。

3. 关山月美术馆编：《关山月诗选——情意篇》，海天出版社，1997年版。

4. 关山月美术馆编：《关山月研究》，海天出版社，1997年版。

5. 关怡主编：《关山月长明——国画大师关山月纪念文集》，国际文化出版公司，2001年版。

6. 潘智彪等著：《高剑父传》，广东旅游出版社，2003年版。

7. 中国美术家协会理论委员会、深圳市关山月美术馆编：《关山月与二十世纪中国美术——"纪念关山月诞辰100周年"国际学术研讨会文集》，广西美术出版社，2013年版。

8. 广东画院编：《镂美流花——广东画院50年·文集》，岭南美术出版社，2009年版。

9. 岭南画学丛书编委会编：《岭南画学丛书3——关山月》，岭南美术出版社，1996年版。

10. 关坚、卢婉仪主编：《山影月迹——关山月图传》，岭南美术出版社，2011年版。

11. 王为一著：《难忘的岁月——王为一自传》，中国电影出版社，2006年版。